¡Ssssssshhhhhhhhhhh!

Haz del teatro algo íntimo

Llévalo siempre en el bolsillo

Cubierta y diseño editorial: Éride, Diseño Gráfico
Dirección editorial: ángel jiménez

Primera edición: septiembre, 2025

Clandestinos. (Una historia de desamor)
© Rodolf Sirera
© VdB, 2025
Espronceda, 5
28003 Madrid

VdB®

ISBN: 979-13-87644-35-2
Depósito Legal: M-18179-2025
Diseño y preimpresión: Éride, Diseño Gráfico

Este libro protege el entorno

clandestinos
(una historia de desamor)

Clandestinos (Clandestins) fue Premio
de Teatro Ciutat d'Alcoi Pep Cortés en 2023

Rodolf Sirera
(València, 1948)

Licenciado en Historia, con estudios de Filología. Como gestor teatral, ha sido codirector artístico del Teatro Principal de Valencia, y director de los Teatros de la Diputación y del festival Sagunt a Escena. En 1984 pasó a dirigir el Servicio de Música, Teatro y Cinematografía de la Generalitat Valenciana, entre otros cargos. Como guionista de televisión ha escrito y dirigido guiones de series para Televisión Española (*Amar en tiempos revueltos*, *La sonata del silencio*), Antena 3 (*La catedral del mar*), Tele 5 (*El Súper*), TV3 (*Temps de silenci*, *Setze dobles*), Canal 9 (*Herència de sang*, *A flor de pell*), à Punt (*Parany*) y Netflix (*Los herederos de la tierra*).

Es autor de más de cincuenta obras de teatro, algunas de ellas escritas en colaboración con su hermano Josep Lluís, con las que ha obtenido diversos premios, entre los cuales el Ciudad de Barcelona, el Born, el Sanchis Guarner, cinco premios Max, tres de ellos a título individual y dos más por trabajos en colaboración, además del Nacional de Teatro de la Generalitat de Catalunya y el Premio de Honor de las Artes Escénicas de la Generalitat Valenciana. Tiene obras traducidas y estrenadas en más de una quincena de idiomas.

Entre sus obras destacan *Plany en la mort d'Enric Ribera* (1972); *El verí del teatre* (1978); *La primera de la classe* (1983); *Cavalls de mar* (1986, con Josep Lluís Sirera); *Indian Summer* (1987), la ópera *El triomf de Tirant* (1991), con libreto de Josep Lluís y Rodolf Sirera y música de Amando Blanquer, *La caverna* (1993), *Maror* (1994), *Punt de fuga* (1999), *La mirada del alquimista* (2000), *Raccord* (2006), *Trio* (2011), *Plagi* (2014) y *Dinamarca* (2019, a partir de un argumento esbozado con Josep Lluís Sirera).

RODOLF SIRERA

clandestinos
(una historia de desamor)

Clandestinos (Clandestins) fue Premio
de Teatro Ciutat d'Alcoi Pep Cortés en 2023

Personajes
(por orden de aparición)

OSVALDO FREIRE	Coronel, adscrito al DOI-Codi Centro de Operações de Defesa Interna de Brasil. 52 Años.
ADRIANO TAVARES	Agente del DOI-Codi. 28 Años.
GABRIELA DUARTE	Profesora de francés y esposa de Rodrigo. 39 Años.
SOR CAMILA	Monja, superiora del convento de la Virgen de la Caridad. 47 Años.
RICARDO CARDOSO	Agente de color del DOI-Codi. 33 Años.
RODRIGO DUARTE	Marido de Gabriela, abogado y miembro de Colina Comando de Libertação Nacional. 43 Años.

La acción se desarrolla en Río de Janeiro, antigua capital de la República del Brasil, durante el mes de junio de 1968.

Izquierda y derecha, las del espectador.

Antes de comenzar la representación se proyecta el siguiente texto:

El 1 de abril de 1964, el Ejército derrocó al Presidente constitucional de la República Federativa del Brasil, João Goulart, que tuvo que huir del país.

La presidencia la ocupó el mariscal Humberto Castelo Branco, a quien sucedió, el 16 de marzo de 1967, el también mariscal Artur da Costa e Silva.

A partir de 1968 comenzaron huelgas y acciones de protesta encabezadas por militantes de las fuerzas de izquierda contra la dictadura militar, que el 12 de diciembre clausuró el Parlamento.

Mientras en Brasil se sucedían los atentados el mundo asistía sorprendido a los sucesos de mayo de 1968 en París.

Estamos en Río de Janeiro, antigua capital de la República del Brasil y transcurre el mes de junio de 1968.

I

*Un despacho impersonal que depende del Cen-
tro de Operaciones de Defensa Interna de Brasil, en los primeros días de junio de 1968. Una
mesa, con un asiento principal y dos para las
visitas. Una gran bandera de Brasil y, colgado
en la pared, un retrato del presidente, el mariscal Artur da Costa Silva. Sentado a la mesa, el
comisionado coronel* OSVALDO FREIRE, *un hombre de unos cincuenta años y aspecto severo.*
FREIRE *escribe a máquina, muy concentrado.
Suenan unos suaves golpes en la puerta.*

FREIRE   (*Sin levantar la cabeza de la máquina de escribir.*) ¿Sí?

(*La puerta se abre. El asistente* ADRIANO *Tavares asoma la cabeza.*)

ADRIANO   Con su permiso, mi coronel. Ya han llegado.

(FREIRE *deja de escribir. Lo mira. No dice nada
durante unos segundos. Finalmente.*)

FREIRE   Que pasen. (ADRIANO *se va. Cierra la puerta.*
FREIRE *saca de la máquina el papel que estaba
escribiendo. Lo guarda en una carpeta. Después
coge un cigarrillo y lo enciende. Pausa. Golpes*

en la puerta.) Adelante. (ADRIANO *abre la puerta y se aparta a un lado para que entren* GABRIELA, *una mujer entre 35 y 40 años, atractiva aunque de aspecto cansado, con ojeras de haber dormido mal, y* SOR CAMILA, *una monja de mediana edad que viste un hábito seglar y solo lleva la cabeza cubierta con una especie de cofia. Señala las sillas.*) Siéntense.

SOR CAMILA   Gracias, coronel...

FREIRE   Freire. (GABRIELA *y* SOR CAMILA *se sientan.* FREIRE *se queda mirando unos segundos a* GABRIELA, *sin decir nada.* GABRIELA *se agita, inquieta. Mira a* SOR CAMILA. *Va a hablar, pero la monja le dice que no, con un gesto.* FREIRE *consulta unos papeles que tiene sobre la mesa. A* GABRIELA.) Me imagino que Gabriela Duarte es usted. (*A* SOR CAMILA.) ¿Y usted?

SOR CAMILA   Me llamo Camila Andrade, y soy superiora del convento de la Virgen de la Caridad, en la avenida del Presidente Vargas. La señora Duarte es profesora de nuestra escuela de adultos, sección de mujeres.

FREIRE   Muy considerada por su parte, acompañándola.

SOR CAMILA   Pensé que era conveniente que viniera. Por si era necesario dar testimonio de la conducta impecable de la señora Duarte.

FREIRE   Conducta que, de momento, nadie ha pues-
                    to en duda.

SOR CAMILA   Siempre es mejor estar prevenidos.

FREIRE   Ya. (*Pausa.*) Así que pensó usted que la Igle-
                    sia representaría un buen aval. (*Sonríe.*) Pero
                    también le recuerdo que últimamente he-
                    mos detenido a algún religioso por colabo-
                    rar con los subversivos

SOR CAMILA   Si son subversivos, son malos cristianos.

FREIRE   (*Sonríe.*) Bien dicho. Esa es la Iglesia que al
                    régimen le gusta.

SOR CAMILA   Confíe usted en ella, coronel.

FREIRE   ¡Y confío! Si no creyéramos en la Iglesia,
                    ¿qué nos quedaría, en estos tiempos de tri-
                    bulación? (*Pausa. Transición.*) Bien. A ver
                    qué tenemos aquí…

                    (FREIRE *se pone a revisar papeles, con calma.*
                    Pronto, su silencio se vuelve opresivo. Para in-
                    tentar soslayarlo, SOR CAMILA *toma la palabra.*)

SOR CAMILA   La señora Duarte ha solicitado un pasaporte…

FREIRE   (*La mira.*) Sé perfectamente lo que ha so-
                    licitado la señora Duarte. (*Le muestra los*
                    papeles que estaba consultando.) Lo tengo
                    todo aquí. Y le agradecería que dejara que

se explicara ella. (*Pausa.*) Normalmente no permitimos que los solicitantes vengan a las entrevistas acompañados. En este caso, hemos autorizado una excepción... en atención al hecho de que mis hijos estudian en un colegio de monjas. (*Se vuelve ahora hacia* Gabriela.) ¿Quiere explicarme, por favor, para qué necesita usted un pasaporte?

GABRIELA Mi madre... Está enferma, creo que grave. Quisiera verla, antes de que...

FREIRE Una buena hija. ¿Y dónde reside su madre?

GABRIELA En Portugal...

FREIRE La madre patria...

GABRIELA En Oporto...

FREIRE Según su ficha, usted tenía pasaporte. Y se le retiró cuando fue detenida el pasado 24 de abril.

GABRIELA (*Nerviosa.*) Me pusieron en libertad a las cuarenta y ocho horas. Pero me retuvieron el pasaporte. Me dijeron que quedaba anulado.

FREIRE Le dijeron que quedaba anulado. Y ahora, usted solicita otro.

GABRIELA Es solo por la enfermedad de mi madre...

FREIRE   ¿Qué significa «solo»? ¿Quiere decir que, cuando muera su madre... o se cure... volverá usted a Brasil?

GABRIELA   Claro... Es mi país... ¿Qué iba a hacer yo fuera?

FREIRE   Por ejemplo, establecer contacto con su marido...

GABRIELA   (*Más nerviosa aún.*) ¡No! ¡Yo no...!

FREIRE   (*Ignorando la protesta de* GABRIELA.) ...y continuar conspirando con él contra la República... O actuar de correo entre su marido y otros elementos subversivos... y escapar así de sus responsabilidades...

SOR CAMILA   La señora Duarte ha sido exculpada... Completamente exculpada...

FREIRE   (*Lentamente y muy seco, a* SOR CAMILA.) ¿Quiere callar? ¿O prefiere que la echemos fuera? (GABRIELA *mira a* SOR CAMILA *y niega con la cabeza. No quiere que se vaya.* SOR CAMILA *se contiene. A* GABRIELA.) Es usted una ingenua si cree que en Portugal la van a tratar mejor que aquí. Solo hará falta remitir su ficha a la PIDE. O a la BPS española. (*Sonríe.*) Formamos una gran familia.

SOR CAMILA   Perdóneme... Perdóneme, pero se equivoca. Excepto aquella detención, Gabriela no ha tenido nunca ninguna relación con la policía. Y aquella detención fue…

FREIRE   Sé perfectamente por qué fue aquella detención. Habíamos recibido informes de que su marido, el conocido opositor Rodrigo Duarte, exiliado temporalmente en Cuba, había vuelto a Brasil.

SOR CAMILA   Pero no lo encontraron. No encontraron nada… Ninguna prueba de que hubiera intentado ponerse en contacto con su mujer. Por eso tuvieron que dejarla en libertad.

FREIRE   De momento.

SOR CAMILA   Gabriela me confesó que, incluso, la torturaron…

FREIRE   (*Fingiendo sorpresa.*) ¿Torturarla? ¿Nosotros? (*Se vuelve hacia* GABRIELA.) ¿La torturamos nosotros? Confiésenlo, sin miedo.

GABRIELA   (*Atemorizada, niega con la cabeza.*) N-no…

FREIRE   Más fuerte. ¿La torturamos nosotros?

GABRIELA   (*Alza la voz, sin atreverse a mirar a* SOR CAMILA.). No. No me torturó. Nadie.

FREIRE   (*A* SOR CAMILA.) Ya ve.

SOR CAMILA	Pues, si no la torturaron, ni la enviaron a prisión, no sé qué sentido tiene ahora negarle el pasaporte. Tiene derecho a acompañar a su madre.
FREIRE	(*Suave.*) Se equivoca. El pasaporte no es un derecho. Es un privilegio. (*A* SOR CAMILA.) Y, ahora, si me hace el favor…
SOR CAMILA	¿Cómo?
FREIRE	Váyase. (SOR CAMILA *parece no entender.*) Salga. (*Pausa.*) Por favor.
SOR CAMILA	Pero… Ella necesita alguien que la acompañe.
FREIRE	El pasaporte es un asunto entre ella y yo. Solo entre ella y yo.
SOR CAMILA	(*A* GABRIELA, *se levanta.*) Estaré fuera. Si me necesitas, grita.
FREIRE	¿Se cree usted que voy a violarla? No sea ridícula.
SOR CAMILA	Conozco sus métodos.
FREIRE	(*Seco y autoritario.*) Fuera.
	(SOR CAMILA *toma la mano de* GABRIELA. *Se la aprieta con fuerza.*)
SOR CAMILA	No pasará nada.

(SOR CAMILA *se va.* GABRIELA *la ve salir, aparentemente desolada. Después vuelve el rostro para enfrentarse con* FREIRE.)

GABRIELA

No piensan darme el pasaporte. ¿Entonces, para qué toda esta comedia?

FREIRE

Tenía ganas de conocerla. Me había hablado muy bien de usted mi antecesor, el coronel Abreu. (FREIRE *mira a* GABRIELA *con atención.* GABRIELA *hace un gran esfuerzo para no mostrar reacción.*) ¿No le dice nada ese nombre? (*Pausa.* GABRIELA *no responde.*) Qué raro. Me confió que era usted una mujer muy inteligente. Mucho más de lo que parece. Y que sabía hacerse muy bien... la víctima. (GABRIELA *continúa sin responder. Baja los ojos, evita mirar a* FREIRE *al rostro.*) Y que era muy atractiva. (*Ahora* GABRIELA *levanta la vista, y mira a* FREIRE, *desafiante. Ríe.*) ¡Qué cambio! Me parece que la monja le impone.

GABRIELA

Es mi patrona.

FREIRE

Y con los amos, conviene mostrarse sumisa.

GABRIELA

Usted lo dice todo.

FREIRE

Vamos a no perder el tiempo, Gabriela. ¿Dónde está su marido?

GABRIELA

No lo sé. Hace más de dos años que no lo veo.

(FREIRE *coge de la mesa un dossier. Lo abre, pasa páginas.*)

FREIRE — Rodrigo Duarte. Lo tenemos todo aquí. Incluso el día en que empezó a salir con usted.

GABRIELA — Qué raro. Yo, ni me acuerdo.

FREIRE — Pero la portera del piso en donde vivían antes, sí que se acuerda. (*Saca una foto de Rodrigo, la mira.*) Un hombre atractivo. No creo que eso sea una condición *sine qua non* para que una relación funcione. Pero ayuda. (*Pausa. Guarda la foto.*) Dice usted que hace más de dos años que no lo ha visto. Pero sabe dónde está. Le escribe cartas, ¿no?

GABRIELA — Desde que se fue, no he recibido ninguna.

FREIRE — Tiene razón. (*Extrae del dossier tres o cuatro cartas.*) En la última dice que, como usted no le contesta, dejará de escribirle. Se imagina que le hemos interceptado las cartas, como así ha ocurrido. Un hombre bien preparado, su marido. Conoce las reglas del juego. Pero, al no recibir respuesta a la primera, no debería haberle escrito ninguna más. Una debilidad. Quizá es que la echaba mucho en falta... O que tenia para usted otro destino...

GABRIELA — ¡Deme esas cartas! Usted no tiene derecho...

Freire	Se equivoca. Tengo todo el derecho del mundo. Son cartas escritas por un subversivo. Un enemigo del estado. Y usted es su cómplice.
Gabriela	¡Yo no he intervenido nunca en política!
Freire	Simplemente acompañaba a su marido. Y le hacía la comida.
Gabriela	Esos sarcasmos están fuera de lugar.
Freire	Es usted valiente. Más de lo que parecía al principio. (*Pausa.*) ¿Dónde está su marido? ¿Ha intentado ponerse en contacto con usted?
Gabriela	No lo ha hecho. Y aunque lo hubiera hecho, no se lo diría.
Freire	Me lo imaginaba. (*Pausa.*) Pero sí que sabe que su marido se ha refugiado en Cuba. ¿O solo lo sospecha?
Gabriela	No... Sí... Quiero decir, imagino que Cuba es el único país que puede darle protección. Pero, no... No lo sabía. (*Con intención.*) No recibí ninguna de sus cartas.
Freire	(*Después de una pausa.*) Gabriela, sea sincera conmigo. ¿De verdad no colaboró nunca con su marido?

GABRIELA	Soy sincera. Los primeros años de casados ni siquiera sabía que mi marido se había integrado en uno de esos grupos...
FREIRE	(*Rápido.*) Subversivos.
GABRIELA	No soy yo quien decide cómo se llaman las cosas.
FREIRE	Ahora interpreta el papel de ingenua. De verdad, ¿no sospechó nunca?
GABRIELA	Mi marido y yo procurábamos no hablar de política.
FREIRE	¡Y yo me lo creo! Y aceptando que fuera así, que ya es mucho aceptar, ¿cuándo tuvo usted conocimiento de las verdaderas actividades de su marido?
GABRIELA	El día en que me dijo que quizá tendría que irse del país un tiempo. Y que me escribiría.
FREIRE	¿Y no le preguntó por qué? (*Sonrie la gracia.*). Irse del país, quiero decir.
GABRIELA	Pero no me contestó. Dijo que cuanto menos supiera, mejor para mí.
FREIRE	Y para él, no se engañe. (*Pausa.*) ¿Está usted muy enamorada de su marido, no?
GABRIELA	Eso no tiene nada que ver.

FREIRE	Está muy enamorada. Y, sin embargo, él le ocultaba a qué se dedicaba realmente.
GABRIELA	Lo hacía para protegerme.
FREIRE	¿Y no ha pensado usted que es posible que fuera al revés, que él se casara con usted... para protegerse?
GABRIELA	¿Cómo? No entiendo.
FREIRE	Para protegerse él. Un matrimonio siempre es menos sospechoso que una persona que vive sola.
GABRIELA	Él me quería. Me quiere aún.
FREIRE	¿Sí? (*Coge una de las cartas que tiene sobre la mesa. Abre el sobre y lee.*) «Querida Gabriela, el hecho de no recibir cartas tuyas me convence definitivamente de que algo se ha roto entre nosotros, y ahora te comprendo mejor, y comprendo tus razones. Creo que deberíamos interrumpir nuestra relación: no tiene futuro. Como ya no estoy seguro de que esta carta llegue algún día a tus manos, te confesaré, me confesaré, algo que ya hace tiempo me atormenta: no te amo, no te he amado nunca, al menos con la intensidad con la que tú me amas. Pero necesitaba una esposa que me sirviera de cobertura. Pero siempre te he respetado, eso sí. Y he sentido por ti un gran afecto».

(GABRIELA *se queda helada. No sabe qué responder.* FREIRE *la mira con interés.*)

Oscuro.

II

Salita en un piso modesto, con pocos muebles pero atiborrada de libros. En un rincón, un sofá ruinoso, y en las paredes algún póster de conciertos de rock. Sobre una mesita lateral, un tocadiscos, con un disco sobre el plato. Sentada ante la mesa principal, GABRIELA, que lleva el mismo vestido que en la escena anterior pero ahora puesto de cualquier manera, se esfuerza por contener las lágrimas, mientras corrige exámenes de manera maquinal. Al final, parece que ya no puede más, y deja los exámenes a un lado. Se cubre el rostro con las manos.

GABRIELA   (*Para ella.*) ¿Qué sentido tiene todo esto? ¿Pero qué sentido? (*De pronto, estalla. Arroja al suelo los exámenes. Gritando.*) ¡Mierda, mierda, mierda!

(*Entra SOR CAMILA, procedente del interior de la casa. La monja no viste ahora el hábito, va en combinación y con los cabellos recogidos con una toalla para que acaben de secarse.*)

SOR CAMILA   ¿Qué pasa? ¿Qué son esos gritos?

GABRIELA   (*Como si despertara.*) ¿Qué gritos?

SOR CAMILA   Los tuyos. Sonaban como si estuvieran degollándote.

GABRIELA   Estoy cansada. Mi paciencia se agota. (SOR CAMILA *la mira, preocupada.*) No puedo más, ¿comprendes? No puedo más.

(SOR CAMILA *se acerca a* GABRIELA, *y hace que apoye la cabeza en su pecho. Le acaricia el cabello.*)

SOR CAMILA   No estás sola, Gabriela. No estás sola. Estás conmigo.

GABRIELA   (*En voz baja.*) Una relación clandestina. Como casi todas las que he tenido a lo largo de mi vida.

SOR CAMILA   Estamos bien cuando estamos juntas. No hace falta que lo pregonemos.

GABRIELA   (*Librándose del abrazo de* SOR CAMILA. *Seca.*) Porque si lo pregonáramos, acabaríamos las dos en la cárcel.

SOR CAMILA   (*Conciliadora.*) Pensemos solo en lo que tenemos. Y tenemos mucho más que otros.

GABRIELA   ¡Dios es misericordioso! ¿Y qué tenemos, di?

SOR CAMILA   Comprensión... Apoyo... Amor...

GABRIELA   ¿Amor? No seas ridícula. Lo nuestro no es amor. Es solo compasión. Sentimos lástima de nosotras mismas.

SOR CAMILA   Eres importante para mí, Gabriela. Muy importante.

GABRIELA   (*Cínica.*) ¿Quieres decir más importante que las otras a las que has tenido antes que a mí? ¿Qué les ofrecías a ellas? ¿Comprensión? ¿Apoyo? ¿Amor? ¿O les ofrecías un puesto de trabajo en un pueblo perdido en la selva? ¿O convertir en legal un hijo ilegítimo? ¿O quizá librarse de un embarazo no deseado?

SOR CAMILA   Estás excitada. ¿Cómo puedes decir esas cosas?

GABRIELA   Las digo porque no soy idiota. ¿Crees que no me doy cuenta de todo lo que pasa a mi alrededor? Me doy cuenta, sí, pero callo. Lo primero que he aprendido de este mundo en el que vivo, es que es mejor callar.

SOR CAMILA   Lo que me has contado, lo que te dijo el militar aquel ha debido impresionarte. (*Pausa.*) ¿Querías mucho a tu marido?

GABRIELA   Eso, el haberlo querido o no, ya no tiene ninguna importancia. ¡Finita la comedia!

SOR CAMILA   ¿Qué comedia, Gabriela?

GABRIELA	Tú, yo, nosotras, mi marido... Todo es una comedia... Ridícula...
SOR CAMILA	Según tú, todo es mentira. Para mí, algunas cosas no. Los sentimientos...
GABRIELA	(*Grita, burlándose.*) ¡Oh, los sentimientos! ¡Los grandes sentimientos! ¡Falta música de fondo, como en el cine! ¡Pongamos música!

(GABRIELA *pone en marcha el tocadiscos, y la música suena con un volumen altísimo.* GABRIELA *parodia un baile.* SOR CAMILA, *alarmada, se acerca al tocadiscos, baja la música.*)

| SOR CAMILA | ¡No montes un escándalo! Cálmate... (GABRIELA *sigue bailando.* SOR CAMILA *apaga el tocadiscos.*) Por favor... |

(GABRIELA *se detiene, de repente. Se queda mirando fijamente a* SOR CAMILA. *Bruscamente, con violencia, se lanza sobre la monja, la besa en los labios, mientras se medio arranca la ropa.*)

| GABRIELA | ¡Follemos! ¡Es lo único que nos queda! ¡Follemos! |

(SOR CAMILA *se detiene un momento, desconcertada, pero después se abandona y responde con la misma intensidad. Las dos mujeres caen sobre el sofá e inician una cópula salvaje, sin asomo de ternura. Pero cuando están a punto*

de llegar al clímax, llaman a la puerta. Nin-
guna de las dos reacciona, hasta que los gol-
pes se vuelven más fuertes. Es SOR CAMILA *la*
primera que se incorpora.)

SOR CAMILA ¡La puerta! ¡Llaman! (SOR CAMILA *se levan-*
ta, trata de cubrirse los senos. ¡No pueden
verme aquí!

(SOR CAMILA *sale de escena, enloquecida. Au-*
mentan los golpes.)

ADRIANO ¡Abra! ¡Policía! (GABRIELA *reacciona por fin,*
abandona el sofá, intenta arreglarse la ropa.)
¡Abra! ¡Sabemos que está ahí! (GABRIELA *abre*
la puerta. ADRIANO *aparta a* GABRIELA, *entra.*
Le sigue Ricardo CARDOSO, *otro agente, este*
de color. Burlón.) ¿No me oía usted? ¿O es
que estaba muy ocupada?

GABRIELA Perdón, yo... no...

ADRIANO (*Le señala el vestido, mal abrochado.*) Ocupada, ya veo. (*Alza la voz para que el su-*
puesto amante lo oiga.) ¡Qué suerte tienen
algunos! (*A* CARDOSO.) Si su marido llega
a enterarse, seguro que no le hace ninguna gracia. Él, huido del país para hacer la
revolución, y su mujer follando como una
perra con un desconocido. ¿O no es tan desconocido? Me gustaría verle la cara. (*A* GA-
BRIELA.) ¿Nos deja?

(GABRIELA *se interpone*.)

GABRIELA   No, por favor. No es nadie.

ADRIANO   ¡Nadie! (*A* CARDOSO.) ¿No te recuerda eso cuando íbamos a la escuela? Ulises y el cíclope. Me llamo «nadie». ¿Te acuerdas, Cardoso?

CARDOSO   «Nadie», es verdad. Nos hacía mucha gracia.

GABRIELA   ¿A qué han venido ustedes? ¿Qué quieren?

CARDOSO   Hacer nuestro trabajo, señora.

(ADRIANO *saca del bolsillo un pasaporte. Lo muestra a* GABRIELA.)

ADRIANO   Esto es para usted.

GABRIELA   ¿Qué es?

ADRIANO   Lo que había pedido. Un pasaporte.

GABRIELA   ¿Un pasaporte?

CARDOSO   ¿No es lo que quería?

GABRIELA   Sí, pero…

ADRIANO   (*Sarcástico*.) Por las fotos, no se preocupe. Hemos puesto las que tenemos de usted. De la ficha policial. (*Le da el pasaporte. La mira, obsceno. A* Cardoso.) Y, la verdad, no le hacen justicia.

Oscuro.

III

Un jardín público. El coronel OSVALDO FREI-
RE, *sentado en un banco, lee el diario. Se escuchan sonidos lejanos: niños que juegan a la
pelota y el concierto de una banda militar. Entra por un lateral* SOR CAMILA, *vestida ahora
de hábito. Lleva en la mano una hucha para
recoger limosnas. Se acerca a* FREIRE, *haciendo sonar la hucha.*

SOR CAMILA   Una limosna para los pobres huérfanos. Es
una obra de caridad.

(FREIRE *saca del bolsillo unas monedas. Las
mete en la hucha.*)

FREIRE   Tenía entendido que, en las cuestaciones, las
monjas debían ir siempre en pareja.

SOR CAMILA   Privilegios de ser la madre superiora.

FREIRE   Continúe de pie. Si nos ven, pensaran que
está intentando convertirme.

SOR CAMILA   (*Siguiendo la broma.*) Eso, en su caso, pienso que sería prácticamente imposible.

FREIRE	(*Sonríe.*) Dicen mis subordinados que sigue sometiendo a nuestra amiga (*Con intención.*) a un marcaje... muy severo.
SOR CAMILA	Procuro no perderla de vista. Y, lo más importante, trato de conseguir que confíe en mí.
FREIRE	No sé si servirá de mucho. Es una mujer muy obstinada.
SOR CAMILA	¿De veras cree usted que sabe más de lo que ya le ha dicho?
FREIRE	Estoy seguro. Conozco muy bien a esa clase de personas. Son más fuertes de lo que parecen al principio (*Pausa. Se pone en pie. La mira, con intención.*) Si usted no hubiera intercedido por ella, ya le habríamos hecho confesar nosotros lo que nos interesa que confiese. Tenemos métodos... muy efectivos...
SOR CAMILA	Creo que tengo derecho a pedirles que confíen en mí... Creo que me lo he ganado por mis años de servicio...
FREIRE	Hablando de confianza, acláreme una duda teológica... ¿Qué hace con sus pecados? ¿Los confiesa y se le queda la conciencia tranquila?
SOR CAMILA	(*Tocada, pero defendiéndose con sarcasmo.*) Dios es misericordioso. Y el sacramento de

la penitencia es el mayor don que Dios, nuestro Señor, ha dado a los hombres. Debería probarlo.

FREIRE   Eso, usted. Yo nunca he tenido mala conciencia. Estoy convencido de lo que hago y por qué lo hago.

SOR CAMILA   Perdone, pero me canso de estar de pie. ¿Se puede saber para qué me ha hecho venir?

FREIRE   Para exigirle que cumpla sus obligaciones con más diligencia.

SOR CAMILA   ¿Por qué dice eso? Siempre las he cumplido.

FREIRE   Pero parece que, últimamente, sin tanta dedicación como debiera.

SOR CAMILA   Si lo que quiere decir es que...

FREIRE   (*Suave.*) No quiero decir nada, reverenda madre. Solo que nunca he entendido lo del voto de castidad que impone la Iglesia. Sin ninguna necesidad, a mi entender.

SOR CAMILA   Pero...

FREIRE   (*Seco.*) ¿Quiere que se lo recuerde? Usted es una agente nuestra, y como agente nuestra está obligada a informarnos de todo, ¿entiende? ¡De todo! Independientemente de sus apetencias. Y no caben excepciones. ¿Está claro? (Sor Camila *calla, baja la cabeza.*) El elemento presuntamente subversivo, del seguimiento del cual está usted encargada, ¿ha hecho algún intento de escapar de su control?

Sor Camila   (*Sumisa.*) No… De momento, no. Ayer me dijo que estaba preparando las clases de toda la semana.

Freire   ¿Las clases? Parece una profesora muy responsable. Tanta urgencia como tenía por ir a ver a su madre.

Sor Camila   E irá…

Freire   Porque ahora ya tiene pasaporte. (*Pausa.*) O eso cree ella.

Sor Camila   El pasaporte lo trajo su ayudante. Es un pasaporte válido, ¿no?

Freire   Será un pasaporte válido mientras yo quiera que lo sea. Se lo vuelvo a repetir: ¿le ha dicho si pensaba irse de viaje?

Sor Camila   No… ya le he dicho que, de momento… No, todavía no.

Freire   Pero su madre estaba muy enferma…

Sor Camila   Sí… supongo que no habrá encontrado vuelo.

FREIRE	O quizá... O quizá su madre ya haya muerto.
SOR CAMILA	¿Muerto? No creo, me lo hubiera dicho.
FREIRE	Es usted una ingenua, sor Camila. Su madre murió hace seis años. Y su «querida» Gabriela, cuya vigilancia le habíamos encomendado... A usted... Su querida Gabriela la ha engañado... Y solo hace una hora que la hemos detenido en el aeropuerto.

(SOR CAMILA *se lo queda mirando, impresionada. El cielo ha oscurecido. Se escuchan unos truenos que comienzan a aproximarse.*)

Oscuro.

IV

Una sala sin ventanas, y casi sin muebles, excepto una mesa y una silla viejas. Sobre la mesa, una botella de agua con un vaso y un teléfono. Hay también, en el centro de la escena, una silla con brazos. Sentada en ella, GABRIELA, con los brazos sujetos con esposas a los brazos de la silla, y las piernas atadas a las patas. La han desnudado, y solo lleva puesto el sostén y las bragas. Fuera, se escucha cómo llueve con violencia, y de cuando en cuando, el retumbar de un trueno. La puerta se abre, entra ADRIANO. Se queda mirando a GABRIELA, que continúa adormecida. Pausa. ADRIANO va a la mesa, coge el vaso y lo llena de agua. Después va ante GABRIELA y le lanza el agua del vaso a la cara. GABRIELA se despierta, atemorizada.

GABRIELA   ¿Eh? ¿Qué...?

ADRIANO   (*Sarcástico.*) Pensé que tendría sed... ¿Quiere más agua?

GABRIELA   ¿Qué? Yo no... (*Recuperándose.*) ¡Lo que quiero es que me dejen en libertad! ¡No he hecho nada! ¡Suélteme! (*Grita.*) ¡He dicho que me suelte!

(ADRIANO *le pega una sonora bofetada.*)

ADRIANO — (*Sin levantar la voz. Incluso amable.*) No grite. Me ataca los nervios... (*Pausa.*) Por favor.

GABRIELA — (*Controlándose. También sin levantar la voz.*) ¿Quiere decirme por qué me tienen aquí... esposada a esta silla... y por qué me han quitado la ropa?

ADRIANO — Le hemos quitado la ropa porque pensábamos que estaría más cómoda. Aquí hace calor, ¿no le parece? (ADRIANO *mira los pies de la silla.*) Oh, pero ¿qué ha hecho? Se ha meado encima. Y sin bajarse las bragas. Eso está muy mal. Debería habernos avisado para que se las quitáramos. (ADRIANO *saca del bolsillo una navaja, la abre. Se acerca a la silla y, con la navaja, corta las bragas de* GABRIELA, *primero por un lado, luego por el otro. Se las quita. Se queda mirándolas.*) Unas bragas tan bonitas... Lástima. (ADRIANO *tira las bragas al suelo. Las aparta de una patada, como si jugara al fútbol. Riendo.*) ¡Gol!

(ADRIANO *se recuesta en la mesa. No trata de ocultar que está mirando, con una sonrisa sarcástica, el sexo de* GABRIELA. *La mujer intenta cerrar las piernas, pero no puede porque las tiene atadas a las patas de la silla. Larga pausa. Finalmente,* GABRIELA *habla, para intentar desviar la atención de* ADRIANO *de su sexo.*)

GABRIELA	¿Cuánto tiempo me tienen aquí? ¿Qué hora es?
ADRIANO	Es pronto. Es muy pronto aún. (*Pausa.*) Ha dormido un rato. Parece que está cansada. Será porque se ha levantado muy pronto, para llegar a tiempo al aeropuerto.
GABRIELA	¿Se puede saber por qué me han detenido? Llevaba un pasaporte en regla.
ADRIANO	No se lo ha parecido a los policías del aeropuerto. Son ellos los que nos han dado el aviso.
GABRIELA	¡Era un pasaporte válido, usted mismo me lo trajo a casa!
ADRIANO	(*Haciéndose el sorprendido.*) ¿Yo? ¿Qué dice? No he ido nunca a su casa, y menos aún para entregarle un pasaporte. ¿Cómo iba a darle yo un pasaporte… ilegal… y evidentemente falsificado? ¿Y de dónde ha sacado esa foto? Parece talmente que la haya cogido de una ficha policial…
GABRIELA	Ya entiendo lo que intenta. ¡Quiere volverme loca! ¡Usted mismo me dio el pasaporte, hace un par de días! Y me dijo lo mismo que está diciendo ahora, de dónde habían sacado la foto. ¡Es todo una maniobra para justificar la detención!

ADRIANO   ¿Pero cómo puede ser :an ingenua? ¿Cree que necesitamos alguna justificación para detener a un subversivo?

GABRIELA   ¡Yo no soy una subversiva! ¡Exijo que me dé mi ropa y que me suelte!

ADRIANO   ¿O…?

GABRIELA   ¿Cómo?

ADRIANO   ¿O qué hará si no lo hago? ¿Mearse encima otra vez? Hágalo. Puede resultar muy excitante.

GABRIELA   (*Estalla, histérica*) ¡Cabrón! ¡Hijo de puta! ¡Suélteme! ¡Le exijo que me suelte!

           (*Se oye abrirse una puerta y, durante unos segundos, el sonido de la lluvia aumenta. Entra el coronel* OSVALDO FREIRE. *Lleva puesta una gabardina, que muestra las huellas de la lluvia. Se queda mirando la escena, muy sorprendido.* ADRIANO *se cuadra militarmente.*)

ADRIANO   A sus órdenes.

FREIRE   (*A* ADRIANO.) Tavares, ¿se puede saber qué quiere decir esto?

ADRIANO   He cumplido sus órdenes, señor. He avisado al aeropuerto para que retuvieran a la sospechosa…

FREIRE   (*Lo corta, seco.*) Me refiero a esto.

          (*Señala a* GABRIELA.).

ADRIANO   Estaba tratando de que declarara.

FREIRE   Suéltele la ligadura de las piernas.

ADRIANO   Pero...

FREIRE   (*Autoritario.*) Hágalo... ¡ya!

          (ADRIANO *saca del bolsillo la navaja, la abre
          y se arrodilla a los pies de* GABRIELA, *tratan-
          do de no mirarle el sexo. Corta las ligaduras
          de los tobillos y se pone de pie.*)

ADRIANO   Lo he hecho por seguridad, señor...

FREIRE   Y ahora, las esposas.

ADRIANO   (*Sorprendido.*) ¿Las esposas también? Es una
          sospechosa.

FREIRE   Las esposas, también. Es una orden. (*Mien-
          tras* ADRIANO, *nada convencido, abre las espo-
          sas de* GABRIELA, FREIRE *se quita la gabardina.
          Cuando* GABRIELA *queda libre,* FREIRE *se la
          tiende.*) Tenga. Póngasela.

          (GABRIELA *se levanta, insegura, se pone la
          gabardina.*)

GABRIELA   (*A* FREIRE.) Gracias... (*Mientras se la abotona, en voz baja.*) No comprendo... ¿Me puede explicar por qué motivo...?

FREIRE   (*Seco.*) Soy yo quien hace las preguntas. (*A* ADRIANO.) Fuera. (*Por las bragas desgarradas.*) Y llévese eso.

(ADRIANO *coge las bragas con la mano derecha, con una cierta incomodidad. Va a saludar militarmente, pero se da cuenta que tiene la mano derecha ocupada y cambia las bragas a la izquierda.*)

ADRIANO   (*A* FREIRE.) A sus órdenes.

(ADRIANO *sale. Pausa.* GABRIELA *está de pie, ante* FREIRE, *sin saber qué hacer.*)

FREIRE   (*Autoritario.*) Siéntese. (GABRIELA *mira con repugnancia la butaca a la que ha estado atada, duda,* FREIRE *se da cuenta. Va tras la mesa, coge su silla y la pone al lado de* GABRIELA. *La mujer no se decide.*) No tenemos todo el día. (GABRIELA *finalmente se sienta.* FREIRE *se apoya en la mesa, de cara a la mujer. Después de una pausa.*) No se equivoque conmigo. El hecho de que no me gusten determinados procedimientos no quiere decir que la considere inocente. (*Pausa.*) Explíqueme por qué quería irse del país.

GABRIELA   Porque tenía un pasaporte...

FREIRE   Y porque quería ir a Portugal a cuidar de su madre, enferma...

GABRIELA   (*Insegura.*) Sí...

FREIRE   Tan enferma estaba, la pobre, que murió hace seis años

GABRIELA   Entonces, lo sabían... Lo sabían todo...

FREIRE   No, todo no. Por eso la hemos hecho caer en esta trampa. Necesitábamos ver si se iba inmediatamente. Pero sobre todo necesitábamos ver si se ponía en contacto con alguien...

GABRIELA   ¿Con quién quiere que me ponga en contacto?

FREIRE   (*Sonríe.*) Con su marido, por ejemplo.

GABRIELA   Ya le dije que, por lo que sé, mi marido continúa en Cuba.

FREIRE   Está usted mal informada. Ya hace tiempo que dejó la isla.

GABRIELA   ¿La dejó? ¿Para ir dónde?

FREIRE   Ese es el problema: no lo sabemos y esperamos que usted nos lo diga.

GABRIELA   Pero si yo no lo sé. Ya les he dicho que no lo sé. Si ni siquiera he recibido sus cartas, que ustedes interceptaron...

FREIRE   ¿Y si las cartas no fueran auténticas? ¿Y si solo fueran una falsificación?

GABRIELA   ¿Una falsificación? ¿Y para qué?

FREIRE   Para que usted se sintiera traicionada... Y buscara a su marido para pedirle explicaciones.

GABRIELA   (*Desesperada.*) ¿Pero cómo quiere que busque a mi marido? ¡Si no sé dónde está! Hace dos años que no tengo noticias suyas... Y ya hace tiempo que he empezado a pensar que posiblemente esté muerto... Que lo hayan asesinado...

FREIRE   Si lo hubiésemos asesinado nosotros, ¿no le parece que sería ridículo que estuviéramos buscándolo?

GABRIELA   Si, como dicen ustedes, es un espía, también lo podían haber matado otros...

FREIRE   ¿Otros? ¿Quiénes?

GABRIELA   No sé... Los mismos cubanos... O los rusos... O los americanos...

FREIRE   Fascinante... Para no haber intervenido nunca en política, como dice que ha hecho usted, parece bien informada... (*Pausa.*) Si no iba usted a ver a su madre, ¿se puede saber cuál era el motivo de su viaje a Portugal? El motivo real, quiero decir. (GABRIELA *calla.*) Le aconsejaría que no intentara engañarme... más de lo que ya lo ha hecho. Tiene dos opciones: me lo explica a mí tranquilamente, sin violencia... o llamo a mi subordinado y la dejo en sus manos. Y estoy seguro de que sabrá sacarle la verdad... De un modo que no le va a gustar, ya ha tenido ocasión de comprobar sus métodos. (Gabriela *continúa en silencio.*) Bien. ¿Qué decide?

Gabriela   (*Después de una pausa.*) Usted no es como él. O quizá es que interpreta el papel de policía bueno. (*Pausa.*) O quizá es bueno de verdad, quiero decir un policía honesto...

Freire   Soy militar, señora. Destinado al Centro de Operaciones de Defensa Interna del Brasil. No soy policía.

Gabriela   Los militares se sublevaron contra el poder civil, hace cuatro años. Dijeron que iba a ser un régimen transitorio... Y llevamos ya cuatro años.

Freire   No pienso discutir con usted de política.

Gabriela   Pero ha aceptado que lo destinen a un órgano de la policía... política.

Freire   No se equivoque conmigo. Nadie me ha obligado a venir aquí. Lo hice simplemente porque aquí el sueldo es mejor. Tengo familia.

clandestinos

Los grandes ideales, los dejo para ustedes,
los revolucionarios.

GABRIELA   Yo no soy una revolucionaria. En la vida me
            he metido en política.

FREIRE   ¿No? ¿Y qué hacia usted, explicando a sus
            alumnas, en clase, lo que está sucediendo
            en París, desde el pasado mayo? ¿Quería ani-
            marlas para que los estudiantes brasileños
            imitaran a sus colegas franceses y salieran a
            la calle a hacer el bárbaro, a quemar coches
            y a atentar contra el orden establecido y con-
            tra la propiedad privada?

GABRIELA   (*Pillada en falta.*) Simplemente me hicieron
            una pregunta… Les estaba explicando…

FREIRE   Les estaba explicando cómo se inicia una re-
            volución. (*Pausa.*) Una de sus alumnas lo con-
            tó en casa. Y a su familia, buenos brasileños,
            le faltó tiempo para venir a informarnos.

GABRIELA   Lo siento… Pero si es eso todo lo que tie-
            nen contra mí…

FREIRE   No… Eso es solo un ejemplo de que esta-
            mos informados… de todo lo que pasa. (*Pau-
            sa.*) Pero dejemos esos temas menores, y vol-
            vamos a lo que a mí me interesa. ¿Dónde iba
            usted, de viaje?

GABRIELA   Lo sabe muy bien… A Portugal.

FREIRE	Pero su objetivo no era quedarse en Portugal. No tiene sentido huir de una dictadura y refugiarse en otra. ¿Era Portugal simplemente una escala? ¿O iba a encontrarse con algún cómplice? Tiene contactos con el Partido Comunista Portugués? ¿O con los movimientos revolucionarios de las colonias?

(GABRIELA ha estado todo el tiempo negando con la cabeza.)

GABRIELA	No, no, no… Yo simplemente quería pasar de Portugal a Francia, cuando en París la situación se hubiera estabilizado.
FREIRE	¿A París? Qué interesante.
GABRIELA	De joven, estudié unos años en París. Y pensé que sería un buen lugar para comenzar una nueva vida.
FREIRE	¿Quiere decir que París le ofrecía muchas más cosas que las que le puede ofrecer Brasil, su país?
GABRIELA	Me ofrecía una cosa que aquí no tengo: la libertad.
FREIRE	*(Sonríe.)* Es usted una idealista. Una ilusa… *(Pausa.)* Comenzar una nueva vida… Lo ha intentado más de una vez, ¿no es cierto? ¿Es eso lo que pasó con su primer matrimonio? ¿No le ofrecía bastante misterio? ¿Era un

matrimonio demasiado vulgar? ¿Demasiado burgués?

GABRIELA   (*Incómoda.*) No... no nos entendíamos...

FREIRE   Y porque no se entendían, renunció a un matrimonio muy beneficioso... Un matrimonio que le ofrecía seguridad económica y un cierto nivel social... para iniciar una relación, clandestina en un principio, con un abogado que no tenía dónde caerse muerto...

GABRIELA   No creo que mi vida sentimental tenga ninguna relación con...

FREIRE   (*La interrumpe.*) La tiene, claro que la tiene. Es usted la esposa de un peligroso activista revolucionario, y estoy seguro de que ha colaborado y colabora con él, aunque solo sea a nivel de información y de darle algún tipo de soporte logístico.

GABRIELA   Lo he dicho y lo he repetido mil veces: solo tuve conocimiento de las actividades políticas clandestinas de mi marido cuando me dijo que tenía que salir del país porque lo perseguía la policía.

FREIRE   (*Sarcástico.*) ¡Oh! ¡Imagino qué sorpresa la suya! Oh, mi marido es un revolucionario, cuando no venía a dormir a casa no era porque me estaba poniendo los cuernos con una amante, sino porque tenía que poner una bomba en un repetidor de la televisión. (*Gabriela no contesta.*) ¿No tiene nada que decir? (*Pausa. Ante el silencio de Gabriela.*) Bien, continuemos... Hasta que su marido desapareció, usted le hacía de secretaria en el bufete en que había convertido su casa... Para que le sirviera de cobertura de sus actividades... ilegales. (*Gabriela sigue sin contestar.*) Pero, claro, cuando desapareció su marido, según dice usted sin avisar, se quedó sin medios de subsistencia. Se mudó de casa, y encontró trabajo de profesora de francés en el colegio de monjas... con la superiora de la cual mantiene usted una relación... digamos «estrecha». (*Pausa.*) Y a pesar de esa relación tan estrecha, no le informó usted de que iba a dejar el trabajo, porque se mudaba a París... haciendo una escala previa en Portugal. (*Pausa. Freire aumenta la intensidad del interrogatorio.*) Había quedado con su marido en encontrarse en París. ¿Es eso? No tiene sentido que lo niegue. ¿Cómo se mantiene en contacto con él? ¿Le envía mensajes? ¿Cómo? ¿Por qué conducto? No puede ser a través del correo, lo tenemos controlado.

Gabriela   (*Agotada. Con voz monótona.*) No sé cómo explicárselo... Le he dicho y repetido que no tengo contacto con mi marido, desde que se fue... Hace dos años.

FREIRE   Tardará, no sé cuánto, pero me lo acabará
                diciendo. Algún día cometerá un error. Ten-
                go paciencia. (*Pausa.*) Usted será como el
                señuelo. Y por medio de usted, haremos caer
                a su marido. (FREIRE *ccge el teléfono. Hace
                una llamada interior.*) Ricardo... Baje aquí.
                Y acompañe a la señora Duarte. Que le den
                su ropa. Y póngala después en libertad.

                (FREIRE y GABRIELA *se quedan mirando unos
                segundos. Fuera, está dejando de llover.*)

                Oscuro.

V

Una calle ante la casa de Gabriela. *Se trata de un pequeño chalet aislado y rodeado por un jardín raquítico. Última hora de la tarde, cuando la oscuridad ya ha comenzado a extenderse. Entre las sombras,* Adriano *vigila la casa de* Gabriela. *Parece aburrido. Enciende un cigarrillo. Pausa. Al cabo de un tiempo, aparece el agente Ricardo* Cardoso, *caminando por la calle, de manera sigilosa, en dirección a* Adriano.

Adriano   Solo falta que vengas por la calle con banda de música.

Cardoso   ¿Qué pasa?

Adriano   Estamos haciendo una operación de vigilancia. ¿A ti no te han enseñado que en una operación de vigilancia no se debe llamar la atención?

Cardoso   Y no la llamo. Voy vestido de particular.

Adriano   Aunque vayas vestido de particular, se te nota a un quilómetro de distancia que perteneces a la bofia.

CARDOSO   No sé por qué se me nota.

ADRIANO   ¡Joder! ¿Por qué será? Porque una persona normal no camina por la calle mirando a todos los lados, como si tuviera miedo de que le robaran la cartera.

CARDOSO   Pero es que esta no es una calle normal. Ni un barrio normal. (*Pausa.*) ¿Ya no te acuerdas de lo que le pasó el otro día a Sebastião? Y él sí que iba por una calle normal. Y le clavaron un cuchillo en el vientre.

ADRIANO   Bah, Sebastião iría borracho, siempre iba borracho, y además aquel día no estaba de servicio. El muy idiota, por no llevar no llevaba ni la pistola reglamentaria. Y el sargento ya nos había dicho que no hay que confiarse. Que aunque de momento parece que los subversivos han dado una tregua, eso solo es para estudiarnos mejor.

CARDOSO   Pues a mí me contaron otra cosa.

ADRIANO   ¿Otra cosa? ¿Y quién te la contó?

CARDOSO   Un negro, que cuando estábamos de guardia dormía en la litera de al lado...

ADRIANO   ¿Un negro como tú? Yo no me fiaría de los negros...

CARDOSO	Pues ve con cuidado con lo que dices, que estamos en una calle muy oscura y por la que no pasa nadie, e igual soy yo el que te da una cuchillada...
ADRIANO	¿Una cuchillada, tú, negro? No me hagas reír...
CARDOSO	Sería muy fácil. Diría que cuando he llegado para sustituirte, te he encontrado muerto y con las tripas por tierra...
ADRIANO	¡Oh! ¿Y puede saberse qué te contó tu hermano de raza? Seguro que se lo inventó todo...
CARDOSO	Me dijo que Sebastião sí que llevaba su arma reglamentaria. Y que si lo atacaron fue para robársela... Un terrorista...
ADRIANO	Bah, bah, bah... A los terroristas ya los tenemos dominados. En cuatro meses, no oiremos ni hablar de ellos...
CARDOSO	No te digo que no me alegraría de que tuvieras razón.
ADRIANO	Cuatro meses, y te dan la licencia... Y a engendrar negritos con la *coima*...
CARDOSO	(*Enfadándose.*) ¿Qué has dicho? ¿Con la qué...?

ADRIANO Con la parienta, hombre... Lo has oído mal...

CARDOSO (*Se contiene.*) Vete. Ya me encargo yo...

ADRIANO Que no se te haga muy larga la... negra... noche.

CARDOSO ¿A que te doy una hostia?

ADRIANO Calma, calma, que somos colegas...

CARDOSO ¿Colegas? ¡Un huevo! (*Formal.*) Venga, informe de incidencias.

ADRIANO La tal Gabriela, la mujer del terrorista, continúa en casa. No ha salido en toda la tarde. La monja está con ella.

CARDOSO ¿Qué monja? ¿La nuestra?

ADRIANO Mía, no. Tuya, si acaso. A mí las monjas no me gustan. Yo prefiero a la otra. (*Bajando la voz.*) Le desgarré las bragas...

CARDOSO ¿Y?

ADRIANO Si le hubieras visto lo que yo vi... (*Haciendo el gesto con los dedos.*) *Bocatto di cardinale*... Pero apareció el coronel. Y dijo que esos procedimientos no le gustaban... ¿Tú crees que será maricón?

CARDOSO   No creo.

ADRIANO   Y si no es maricón, hijo de puta sí que lo es.

CARDOSO   (*Por la casa.*) ¿Y dices que está la monja?

ADRIANO   Hay días que se queda hasta tarde. Yo creo que tienen rollo.

CARDOSO   ¿La monja y ella?

ADRIANO   No me extrañaría. Tantas horas, tantas horas juntas, ¿qué quieres que hagan? ¿Rezar el rosario?

CARDOSO   No seas malpensado. La monja es agente nuestra. Estará investigando...

ADRIANO   (*Sarcástico.*) ¿Sí? Mira que sois ingenuos los negros. Por eso no habéis gobernado nunca este país...

CARDOSO   Tú hoy te la ganas.

ADRIANO   Me voy. Que tengas buena guardia... (*Justamente en el momento en que* ADRIANO *está a punto de irse, se abre la puerta del chalet de* GABRIELA. *Sale* SOR CAMILA. *Parece que se despide de alguien. Lleva en la mano un pañuelo con el que, de vez en cuando, se enjuga las lágrimas. La puerta del chalet se cierra.*) Hablando del papa de Roma...

CARDOSO   ¡Calla!

(SOR CAMILA *se va por el lateral contrario al que ocupan* ADRIANO *y* CARDOSO.)

ADRIANO   Me voy. Ahora que está sola la tal Gabriela, puedes decirle que te enseñe lo que me enseñó a mí. *Boccato di cardinale*, ya te digo…

CARDOSO   En vez de enredar tanto, podías seguir a la monja.

ADRIANO   (*Ríe.*) ¿A la monja? ¿Para qué? Se va al convento. ¿Qué crees? ¿Que va a poner bombas en los coches?

CARDOSO   Nunca se sabe…

ADRIANO   Tu sí que no sabes… Agur, que tengas buena guardia…

(ADRIANO *se va por el lateral contrario del que se ha ido* SOR CAMILA. *Larga pausa.* CARDOSO *consulta la hora en su reloj. Saca la pistola de la cartuchera que lleva en la axila. Comprueba que está cargada. La guarda. Transcurren unos segundos.* CARDOSO *confirma que no pasa nadie por la calle, y que el barrio continúa solitario. Después, con mucha precaución, saca del bolsillo una pequeña linterna. La enciende y la apaga tres veces. No pasa nada. Espera. Vuelve a dar tres ráfagas. Y casi enseguida, desde la casa de* GABRIELA, *le contestan con otras tres ráfagas. Después, silencio.* Cardoso *no se mueve.*)

Oscuro.

VI

*Estamos en el mismo despacho de la escena
primera. El coronel* Osvaldo Freire, *sentado
detrás de la mesa, amontona papeles a un lado
y, en el centro, abre una carpeta, cuyo contenido observa con atención. Pulsa después la
tecla de un intercomunicador.*

Adriano   (*Voz en off.*) ¿Señor?

Freire   (*Por el intercomunicador.*) Que pase la monja.

          (*Después de unos segundos se abre la puerta.
          Entra* Sor Camila, *que viste ahora con hábi-
          to. Se la ve nerviosa y se nota que ha llorado.*)

Sor Camila   Me han dicho que quería verme.

Freire   Siéntese, por favor.

Sor Camila   Tengo poco tiempo. He tenido que retrasar
             una reunión con la madre superiora de la
             orden…

Freire   (*Cortante.*) Sé lo que le dirá la superiora.
          Pero siéntese.

(Sor Camila *se sienta por fin.*)

Sor Camila ¿Cómo que lo sabe? ¿Ha hablado con ella?

Freire No necesito hablar con ella. Me he limitado a darle órdenes.

Sor Camila (*Inquieta.*) No entiendo...

Freire Explíqueme, por favor, por qué fue anoche a casa de Gabriela Duarte. Le recuerdo que la señora Duarte intentó huir del país, algo de lo que usted no se enteró o, si se enteró, a nosotros no nos informó, como era su obligación.

Sor Camila No, no... yo no lo sabía. Fui la primera sorprendida.

Freire (*Inmutable.*) Aun aceptando que su actuación, en operativos anteriores, fue bastante acertada y útil, no puedo decir que en el caso de la señora Duarte haya servido de mucho.

Sor Camila Lo siento, actué del modo que consideraba más correcto...

Freire No, eso no es cierto. Se dejó vencer por intereses personales y no cumplió lo que se le había encargado. Incluso la última vez que nos vimos en el parque, se permitió tratarme con una superioridad totalmente inadecuada.

SOR CAMILA   (*Reacciona.*) Me ordenaron que le facilitara un trabajo en nuestro colegio y que no me separara de Gabriela... de la señora Duarte... Que me convirtiera en su amiga, y así lo hice...

FREIRE   En su amiga, sí. No en su amante.

SOR CAMILA   (*Espantada.*) Yo, no... Yo simplemente trataba de que ella me sintiera muy próxima y así sacarle la información que se me había ordenado que le sacara... Si había contactado con su marido, si sabía dónde estaba... Solo eso, se lo juro...

FREIRE   En el catecismo que yo estudiaba de niño se decía que no hay que jurar en falso...

SOR CAMILA   ¡Estoy diciendo la verdad!

FREIRE   En cualquier caso, no tuvo éxito. Ni siquiera se enteró a tiempo de que la señora Duarte tenía planeado huir del país... (*Con una cierta lástima.*) Tantas horas que pasaba con ella, ¿pretende decirme que nunca le comentó nada? ¿Quiere explicarme de qué hablaban? (*Pausa.*) Yo le diré qué ha pasado. Se ha dejado llevar por los sentimientos. Ha olvidado sus obligaciones... su compromiso... Ha dejado de trabajar para que su país no caiga en manos de los subversivos que, si un día llegan al poder, lo primero que harán será eliminar la religión, y destruir los principios que sustentan el honor de este país... Y entonces, se lo aseguro, se arrepentirá usted una y mil veces de haberse comportado como lo ha hecho.

SOR CAMILA   Es usted injusto... He dedicado media vida a mi país...

FREIRE   No se engañe. Ha dedicado media vida a construirse esa imagen de mujer incorruptible, que se permite mirar a todo el mundo con suficiencia... Pero eso se ha acabado. (*Pausa.*) Este departamento ya no la necesita.

SOR CAMILA   ¿Cómo? Está diciendo que...

FREIRE   La superiora de la orden la espera para comunicarle su traslado.

SOR CAMILA   (*Súbitamente enfurecida.*) ¿Mi traslado? ¡Eso es una maniobra suya, muy sucia!

FREIRE   Ya le he dicho que ahora ya no nos es útil. Pasemos página.

SOR CAMILA   He trabajado para ustedes. ¡No quiero ir a ningún sitio!

FREIRE   Sí, eso es cierto. Ha trabajado para nosotros. Y sabe muchas cosas que no nos conviene que se sepan. Y no podemos correr el riesgo de que un día se hagan públicas.

SOR CAMILA   ¡Me está deportando! Me está deportando, sin orden judicial, ¿es eso?

FREIRE   ¿Deportarla? Oh, no... Simplemente facilitarle que pueda ejercer su ministerio en unas tierras necesitadas de mayor presencia religiosa...

SOR CAMILA   En la otra punta del país... No, no... Me niego... Dejaré la orden si es preciso...

FREIRE   Yo, que usted, no lo haría. Si abandona la orden, dejará de estar protegida por la Iglesia... Y se convertirá en una ciudadana normal... Y la muerte en accidente de una ciudadana normal siempre pasa más desapercibida que la de una monja.

SOR CAMILA   ¿Me está usted amenazando?

FREIRE   Ya ve que sí. Y no intente ponerse en contacto con la señora Duarte. Tenemos su casa vigilada, y sus movimientos controlados. Estamos seguros de que su marido aparecerá pronto. Y lamentablemente, usted no estará con ella para informarnos.

        (*Conecta el intercomunicador.*)

ADRIANO   (*Voz en off.*) ¿Señor?

FREIRE   Sor Camila se va.

SOR CAMILA (*Mordiendo las palabras.*) Se arrepentirá de esto... He trabajado para ustedes y así me tratan. Se arrepentirá... Se lo prometo...

FREIRE Como ha trabajado para nosotros, haré como que no la he oído. Buenos días.

Oscuro rápido.

VII

Estamos en el sótano de la casa de GABRIELA. *Es un espacio lleno de muebles viejos y de bultos de contenido indeterminado, que se comunica con el piso superior por una escalera de pocos peldaños que queda al fondo, en un lateral. Al fondo también, pero al centro de la escena, una claraboya que da a la calle, y para acceder a ella y ver el exterior, hay que subir sobre un cajón puesto boca abajo. Al fondo, pero al lado contrario, un armario grande, apoyado en la pared. Es noche avanzada y en el sótano no hay otra luz que la poca que viene de la calle. Después de un tiempo,* GABRIELA *entra en el sótano. Sube sobre el cajón. Mira por la claraboya y permanece allí unos segundos. Se escuchan, en la lejanía, dos campanadas. Vuelve a mirar por la claraboya. Unos segundos después, se ven fuera tres ráfagas de luz.* GABRIELA *espera. Pasa un minuto. Se vuelven a repetir las tres ráfagas. Entonces* GABRIELA *saca del bolsillo una pequeña linterna, y a través de la claraboya responde con la misma señal: tres ráfagas. Hecho esto,* GABRIELA *aparta el cajón a un lado. Va al armario, y lo empuja con cierta dificultad, hasta que con él cubre la claraboya. A continuación abre un baúl y saca un quinqué. Lo enciende. Después de una pausa, en un lateral se materializa, igual que un fantasma,* RODRIGO DUARTE, *el marido de* Gabriela. *Viste ropa vieja, sucia de tierra, y lleva en la mano una pequeña linterna que produce una luz muy tenue, y en la otra una vieja cartera de cuero.*

Gabriela   ¡Apaga la luz! Aquí no la necesitas... (Rodrigo *obedece. Apaga la linterna.*) ¿Por qué has tardado tanto? En nada harán el relevo, y ya no tendremos fuera a uno de los nuestros.

Rodrigo   No podemos controlar las prospecciones que están haciendo los alemanes... No siempre trabajan en el mismo sitio... (Rodrigo *se sienta sobre un fardo. Saca del bolsillo el paquete de tabaco. Se lo muestra a Gabriela.*) ¿Puedo? (Gabriela *asiente con la cabeza.* Rodrigo *le ofrece el paquete.*) ¿Quieres? (Gabriela *niega.* Rodrigo *enciende un cigarrillo. Fuma.*) Hemos tenido suerte, que se les haya ocurrido estudiar la viabilidad de un metro para Río, precisamente ahora. El problema es que van cambiando de sitio, y no siempre nos es posible conectar sus excavaciones con la red del alcantarillado. Hoy pensaba que no habría manera de llegar aquí. (Gabriela *calla. Esquiva la mirada de* Rodrigo.) No sé qué te pasa. ¿Por qué estás tan poco efusiva? (Gabriela *continúa en silencio.*) Otras veces, cuando he venido a verte, lo primero que has hecho es lanzarte a mis brazos. Parece que hoy no te alegres.

Gabriela   (*Lo mira por primera vez.*) ¿Y tú, te alegras?

RODRIGO   ¿Qué dices? Claro que sí. (*Se acerca a ella.*) Sabes que uno de los motivos por los que lucho es para poder estar un día nuevamente contigo… Para poder envejecer a tu lado… En un país democrático y libre…

GABRIELA   (*Sarcástica.*) ¡Qué romántico!

RODRIGO   ¿Por qué dices eso? Te he explicado a menudo que, en el momento en el que estamos, tan difícil, hay que supeditarlo todo, incluso los sentimientos, al éxito final de la lucha.

             (RODRIGO *echa la colilla al suelo, la pisa.* GABRIELA *se la señala.*)

GABRIELA   (*Seca.*) La colilla. Yo no fumo.

RODRIGO   (*La coge y se la guarda en el bolsillo.*) Tienes razón.

GABRIELA   ¿Sabes? Te estoy oyendo… Y por un momento me parece que ya no hablas tú. Que dices únicamente consignas.

RODRIGO   (*Molesto.*) Digo lo que hay que decir.

GABRIELA   ¿A tu mujer también? ¿A tu mujer, a la que solo has visto unas pocas veces en estos dos años? ¿A tu mujer que, sin pensar en lo que hacía, se ha embarcado en esta locura, solo para estar contigo, para apoyarte?

RODRIGO   (*Lo acepta.*) Lo entiendo... Sé que ha sido muy duro...

GABRIELA   Tú, ¿qué vas a saber? Ni tan siquiera sabes que, como pasaban los días y no aparecías, conseguí que me avalara la superiora del colegio donde daba clases, para ver si me daban un pasaporte... Un pasaporte, pensando que quizá habías conseguido huir del país, y no habías podido avisarme... Y en ese caso, yo debía ir a encontrarme contigo en París, donde dijiste que me esperarías si las cosas se ponían feas...

RODRIGO   No he podido venir antes... Esto no es como quedar en una cafetería...

GABRIELA   (*Sin parar ni dejar hablar a* RODRIGO.) ¿Y sabes que, para conseguir que me avalara, tuve que meterme en la cama con la monja, hacer como si eso me interesara?

RODRIGO   Y aunque hubiera sido con un hombre, eso no importaría...

GABRIELA   ¿No importaría? (*Lo mira, con rabia.*) ¡Cabrón! Eres un cabrón, ¿sabes?

RODRIGO   De verdad, Gabriela, no sé por qué estamos discutiendo ahora, como si fuéramos dos enemigos... Como si no nos quisiéramos...

GABRIELA ¡Mentiroso! ¡Has dicho que no me querías! ¡Que estabas conmigo solo porque necesitabas una pareja que te cubriera!

RODRIGO ¿Que yo he dicho qué?

GABRIELA ¡En una de tus cartas! ¡Una de tus cartas que no me llegó porque la interceptó la policía!

RODRIGO Pero ¿qué dices? ¡Desde que me fui, yo no te he enviado ninguna carta! ¿Me crees tan loco como para escribirte y dar pistas sobre mis movimientos a la bofia?

GABRIELA ¡Me la enseñaron! ¡Era tu letra!

RODRIGO ¿Y no pensaste que la podían haber falsificado?

GABRIELA (*Duda.*) ¡Era tu letra! ¡Y tu manera de hablar... tan pedante!

RODRIGO ¿Y no comprendes que serían una mierda de falsificadores, si la copia no se pareciera punto por punto al original? (*Pausa, paternal.*) ¿No comprendes que todo eso forma parte de una estrategia...?

GABRIELA ¿Una estrategia?

RODRIGO Pretenden que desconfíes de mí, para que no tengas escrúpulos en denunciarme. Si te hacen creer que yo te he estado utilizando, si te hacen creer que no te quiero, tu apoyo, tu silencio, ya no tendrá sentido. (*Pausa. Habla lentamente.*) Pero yo te quiero... Y sé que tú me quieres también y que ellos no conseguirán, de ninguna de las maneras, que te conviertas en una traidora...

GABRIELA   (*Hundiéndose.*) Pero yo no puedo más... No puedo más, ¿comprendes? Yo no soy una luchadora, como tú... Nadie me ha preparado para soportar todo lo que me está cayendo encima... Tú luchas por una idea...

RODRIGO   Y tú también, Gabriela... Tú también...

GABRIELA   Te equivocas. Yo no lucho por ninguna idea. Lucho por ti, por un ser de carne y hueso... un hombre al que amo... Y porque quiero creer que él me ama también y no me ha condenado al desamor...

RODRIGO   ¿Condenarte al desamor? ¿Qué dices?

GABRIELA   El desamor, sí... El sentimiento más terrible, el más doloroso. Es mucho peor que el odio, porque a la persona que odias, la odias porque, en el fondo, no has podido amarla, o conseguir que ella te ame o la has dejado de amar... El desamor es el peor de los sentimientos, porque no tiene sustancia, no significa nada... Es como si la otra persona hubiera dejado de existir...

RODRIGO   Nunca he sentido eso que dices. Te he amado siempre.

GABRIELA   Yo sí que he sentido desamor… Cuando me he cansado de esperarte, cuando no sabía dónde estabas ni qué estabas haciendo… Cuando tu silencio me ahogaba… Entonces me dije: él se ha olvidado de mí, ya no me quiere. Pues yo he de hacer lo mismo. Me niego a seguir sufriendo por él. Ya no me importa.

RODRIGO   (*La abraza.*) Pero sí que me importas, amor mío… Me importas y te amo… Te amo tanto… Quizá no te lo he dicho tantas veces como debía… Sin ti, sin tenerte a mi lado, nada de lo que estoy haciendo tendría ningún sentido…

                (RODRIGO *se mantiene un rato abrazado a* GABRIELA.)

GABRIELA   (*Bajito.*) Hablas tan bien… Con tanto entusiasmo… Suenas como los encantadores de serpientes… Al final, conseguirás que te crea… No sé si eres un tramposo… o un iluminado…

RODRIGO   (*Igual.*) Solo los iluminados pueden cambiar el mundo.

GABRIELA   ¿Y por qué tú? Podíamos haber vivido una vida tranquila, una vida vulgar… Tú, ejerciendo como abogado, ayudando a los más pobres… Y yo enseñándoles, y haber abierto una escuela, haber tenido hijos y criarlos… Una vida como la que imaginábamos cuando nos conocimos. Y, de repente, tú desapareces… Sin decirme ni una palabra, sin una carta, nada… Te vas y me dejas sola… Al principio pensé que ya no me querías… Que habías encontrado otra mujer…

RODRIGO (*Tierno.*) Pobre Gabriela… Hacía ya tiempo que me había unido a la insurgencia… Pero no podía decírtelo… No quería ponerte en peligro…

GABRIELA Estaba desesperada… Me sentía ridícula, sola… Pensaba… es demasiado bueno para mí, yo no valgo nada, no he estado a su altura, es normal que me deje…

RODRIGO No podía soportarlo… Este sentimiento de haberte traicionado, de haberte abandonado, sin una explicación, sin un adiós… Pero no podía hacerlo… Me ponía en peligro, ponía en peligro a mis compañeros… Te ponía en peligro a ti…

GABRIELA Hasta que finalmente… al cabo de unos meses… recibí un mensaje tuyo… Cuando apareció en nuestra casa ese guardia, Cardoso…

RODRIGO Cardoso siempre ha estado con nosotros. Lo tenemos infiltrado en el Centro de Operaciones de Defensa Interna…

GABRIELA	No sé cómo, pero lo creí, ni por un momento pensé que podía ser una trampa… Me dijo que venía en tu nombre. Y que tenía que cambiarme de casa… Dejar nuestra casa, donde habíamos vivido un tiempo tan feliz… y tan breve… No sabía por qué tenia que hacerlo, pero él insistió… Dijo que era por mi seguridad… A mí, mi seguridad ya no me importaba… Pero cuando me explicó que era la única manera de poder verte… ya no dudé. Me dio dinero, me dijo que era de tu parte y que tenía que trasladarme a esta casa cuanto antes mejor… Le pregunté cuándo vendrías y me dijo que no lo sabía… Cuando te fuera posible… Y es todo…
RODRIGO	Han sido muy pocas veces, lo sé… Pero he tenido que pasar mucho tiempo escondido… Para hacerles creer que había salido del país…
GABRIELA	Saben que estás aquí… No sé cómo, pero lo saben… (*Pausa. Sin mirarlo.*) La última vez que me detuvieron…
RODRIGO	¿Qué?
GABRIELA	Estaban convencidos de que tú y yo nos manteníamos en contacto.
RODRIGO	(*Alarmado.*) Imagino… Que no les dirías…

GABRIELA	No les dije nada... (*Después de una pausa.*) No les dije nada... a pesar de...

(GABRIELA *se detiene. Le cuesta sincerarse.*)

RODRIGO	(*Sin forzarla.*) ¿Qué? (*Pausa.*) ¿A pesar de qué? A mí puedes contármelo... (*Pausa.*) ¿Te... te forzaron? ¿Es eso?
GABRIELA	Me humillaron... Me quitaron la ropa... Me observaban... como si fuera un animal... Se reían de mí... desnuda...
RODRIGO	¿Y... te pegaron?
GABRIELA	No... esta vez, no.
RODRIGO	Pero... ¿no pasó nada más?
GABRIELA	(*Herida, lo mira.*) ¿Y te parece poco?
RODRIGO	(*Se da cuenta. Se corrige.*) No, claro que no... (*Pausa.*) Hacían todo eso porque querían que te sintieras inferior... Que te avergonzaras... Pensaban que, de esta manera, les resultaría más fácil hacerte confesar... (*Pausa. En el fondo, pregunta.*) Pero tú eres fuerte... Y resististe... Y no les dijiste nada sobre mí... Ni dónde ni cómo nos veíamos...

(GABRIELA *se separa de* RODRIGO *para poder mirarlo a los ojos. Después de una pausa.*)

GABRIELA   No… No… no les he dicho nada… Pero no estoy segura de tener bastante fuerza la próxima vez que me detengan… Y no soporto la idea de que puedas caer tú a causa de mi debilidad. (*Pausa.*) Cuando me pediste que te ayudara, cuando me diste tantas razones para que lo hiciera… no podía ni imaginar que la lucha iba a ser tan larga… tan dura… Y sé que lo que yo hago no es nada, comparado con lo que haces tú, todos lo peligros que corres… Pero, ya te lo he dicho antes… yo no soy, no me siento una luchadora… Quiero vivir en paz, donde no me conozca nadie… esperando… que la lucha acabe… y esperando… si no te han matado en un atentado suicida… que, cuando la revolución haya triunfado… o cuando haya sido definitivamente derrotada… pueda volver a tenerte entre mis brazos… como hacíamos… cuando comenzábamos a amarnos…

(RODRIGO *se la queda mirando un tiempo, comprensivo.* GABRIELA *se ha vaciado, ha hecho un gran esfuerzo. Evita mirarlo a los ojos.*)

RODRIGO   (*Después de una pausa.*) Tienes razón, amor mío… Tienes toda la razón… He estado ciego, obsesionado solo por mi lucha… Me he comportado de manera egoísta contigo Te he puesto en peligro innecesariamente… Y, lo que es peor, nunca te he permitido opinar… Y pensar que podían haberte torturado… que podían haberte dado muerte… o

encarcelarte dios sabe por cuánto tiempo...
Cuando mi obligación, como tu marido,
como la persona que más te quiere en este
mundo... tendría que ser justamente eso,
evitar ponerte en peligro... (*Como quien toma
una decisión.*) No. Pero eso se ha acabado.
¿Sabes, amor mío? Eso se ha acabado...

GABRIELA   ¿Qué quieres decir?

RODRIGO   Que tengo que sacarte de aquí. Y cuanto antes, mejor.

GABRIELA   Pero salir del país es muy difícil.

RODRIGO   Tengo los medios.

GABRIELA   No quiero irme sin ti.

RODRIGO   Y no te irás.

GABRIELA   (*Sorprendida.*) ¿Qué dices? ¿Que huiremos, los dos... juntos?

RODRIGO   No exactamente. Pero que estaremos juntos mucho antes de lo que te imaginas.

GABRIELA   No sé si creerte...

RODRIGO   Créeme... Pero tenemos que dar unos pasos previos...

GABRIELA   No te entiendo...

RODRIGO   Necesitamos que nos hagas un último ser-
             vicio… (RODRIGO insiste, ante el gesto de des-
             confianza de GABRIELA.) Es una gestión muy
             fácil… y sin ningún peligro…

GABRIELA   (Poco convencida.) No sé…

RODRIGO   Te lo explico… Lo tenemos todo previsto…
             Te haremos salir de Brasil con una identidad
             falsa.

GABRIELA   ¿Una identidad falsa? Me tienen muy vis-
             ta… No colará…

RODRIGO   Sí colará… Suplantarás a una persona real…
             una mujer de la buena sociedad… irás per-
             fectamente caracterizada… y te acompañará
             su director espiritual… un sacerdote… Vais
             a Roma… tenéis prevista una audiencia con
             el Papa…

GABRIELA   Y ese director espiritual…

RODRIGO   Seré yo…

GABRIELA   Estás loco… Nos cogerán…

RODRIGO   No lo creas. Tenemos a uno de los nuestros
             en el control del aeropuerto. Nos iremos el
             día que él esté de servicio…

GABRIELA   Pero… ¿los pasaportes?

RODRIGO   Iremos con pasaportes diplomáticos... Expedidos por la Nunciatura...

GABRIELA   (*Sorprendida.*) ¿En serio? ¿También con la Iglesia?

RODRIGO   También con la Iglesia. Hay un sector que no está a favor de la dictadura...

GABRIELA   (*Después de una pausa.*) Entonces, ¿qué tengo que hacer?

RODRIGO   (*Haciendo un esfuerzo.*) Pedir una entrevista con el coronel Osvaldo Freire... Porque quieres confesar la verdad.

(GABRIELA *se lo queda mirando, sorprendida.*)

Oscuro.

VIII

Un jardín público. Sentado ante la mesita de un bar y vestido ahora de civil, CARDOSO toma café y finge leer un libro. Al poco tiempo aparece SOR CAMILA. Viste de particular, con ropas oscuras y poco llamativas. Ve a CARDOSO. Va hacia él, pero antes de que pueda tomar asiento a su lado, el hombre se levanta y cierra el libro. Habla a la monja con un cierto respeto.

CARDOSO   Será mejor que paseemos. (SOR CAMILA, *no muy convencida, se pone a su lado.*) Como será difícil que nos tomen por pareja...

SOR CAMILA   No... No tengo el más mínimo interés...

CARDOSO   ...seremos una madrina y su ahijado. (*Fabulando.*) Mi familia era pobre y gracias a usted pude hacer la primera comunión.

SOR CAMILA   (*Sorprendida.*) Ah...

CARDOSO   Y como buen ahijado, he venido a felicitarla en su aniversario...

SOR CAMILA   Cuánta amabilidad.

CARDOSO   Y le he traído un regalo.

               (*Le da el libro que estaba leyendo.* SOR CAMI-
               LA *lo mira, sorprendida. Es la novela de Cla-
               rice Lispector «A paixão segundo G.H.».*)

SOR CAMILA   Me sorprende que tengas aficiones literarias.

CARDOSO   ¿Lo dice por mi color?

SOR CAMILA   (*Se da cuenta de que ha cometido una indelica-
               deza.*) Oh, no… Es simplemente porque…

CARDOSO   No se preocupe. Estoy acostumbrado. Y no
               tengo aficiones literarias. El libro solo lo lle-
               vo para despistar.

SOR CAMILA   Pues has elegido una novela de una autora
               importante.

CARDOSO   Es una mujer. Será una novela de amor.

SOR CAMILA   No exactamente.

CARDOSO   Si quiere que le diga la verdad, no he leído
               ni una página. Eso lo dejo para ustedes, los
               intelectuales.

SOR CAMILA   Bien, no pienso discutir sobre literatura. No
               tengo mucho tiempo. Dime por qué me has
               hecho venir.

CARDOSO   He oído decir que nos deja.

SOR CAMILA	Las religiosas hemos hecho, entre los votos, el de obediencia. Y la superiora de la orden ha pensado que yo prestaría mejor servicio en una comunidad más pequeña... lejos de Río.
CARDOSO	Tengo entendido que... muy lejos.
SOR CAMILA	Sí.
CARDOSO	Y... estoy trabajando con hipótesis... ¿No es posible que en esa decisión de la superiora de su orden... haya tenido algo que ver el coronel Freire?
SOR CAMILA	Si es ese el motivo por el que me has hecho venir, te advierto que no contestaré a ninguna pregunta...
CARDOSO	Ah, no, no... Únicamente es que me ha extrañado que se la aparte así, de una manera tan brusca, del servicio... Teniendo en cuenta los muchos otros asuntos... en los que ha intervenido... y, según dicen, con éxito.
SOR CAMILA	Seguramente Dios nuestro Señor, tiene pensado para mí otro destino.
CARDOSO	El otro día escuché... por pura casualidad, no crea que voy espiando... Una conversación entre el coronel Freire y un superior, que no pude identificar... En la que el coronel trataba de justificar el haber prescindido de usted... cosa que a la otra persona no

le parecía bien... Creo que, incluso estaba enfadada... y tuvo unas palabras con el coronel...

SOR CAMILA   No pienso entrar en guerras internas. Mi destino ya está trazado.

CARDOSO   Yo también creo que el coronel Freire se excedió con usted... Creo que no fue justo...

SOR CAMILA   Por favor, déjalo. Eso, ahora, no sirve de nada.

CARDOSO   O sí.

SOR CAMILA   No entiendo.

CARDOSO   ¿Y si llegara una orden superior...? Exigiendo que no se moviera de Río...

SOR CAMILA   ¿Una orden superior? ¿De quién?

CARDOSO   (*Hace un gesto vago.*) Superior.

SOR CAMILA   (*Lo mira, dudosa.*) ¿Tienes contacto con... esos poderes «superiores»?

CARDOSO   Digamos que... tengo contactos... con gente que tiene contactos...

SOR CAMILA   Ah...

CARDOSO   Y esa gente... quizá no está demasiado con-
               tenta con la forma en la que el coronel Frei-
               re... dirige el departamento... Y se ha plan-
               teado reorganizarlo a fondo...

SOR CAMILA   ¿Quieres decir... prescindiendo del coronel?

CARDOSO   Podría ser. Con usted, por ejemplo, Freire
               no se ha portado bien... Y, alejándola de Río,
               la aleja también del que debía ser nuestro
               principal objetivo de vigilancia... la señora
               Gabriela Duarte... (*Al escuchar el nombre,*
               SOR CAMILA *contiene un gesto de frustración,*
               que no le pasa desapercibido a CARDOSO. *Baja*
               la voz, buscando complicidad.) La vi salir una
               noche de la casa de la señora Duarte... (CAR-
               DOSO *espera la reacción de* SOR CAMILA, *pero*
               la monja calla.) Parecía usted muy... afec-
               tada...

SOR CAMILA   (*Trata de desviar.*) Es muy difícil... hacer un
               seguimiento tan próximo... Pasas muchas
               horas con la persona vigilada, y...

CARDOSO   (*Completa la frase.*) ...y es imposible no aca-
               bar sintiendo alguna forma de empatía con
               ella. (*Pausa.*) Pero eso podría cambiar.

SOR CAMILA   (*Lo mira, sorprendida.*) ¿Cómo?

CARDOSO   Si a quien trasladaran a otro destino fuera al
               coronel Freire y no a usted.

(*Pausa larga.*)

Sor Camila   (*Lo mira fijamente.*) Lo siento. Me han hecho saber que mis servicios ya no son necesarios. Y debo obediencia a la superiora de mi orden.

Cardoso   ¿Aunque eso signifique perder para siempre... el contacto con la señora Duarte?

Sor Camila   Cumplía órdenes manteniendo esa relación. (*Pausa. Le cuesta decirlo.*) Únicamente.

Cardoso   Debe ser duro ser religiosa...

Sor Camila   Lo mismo que ser negro. (*Cardoso se la queda mirando. Después, súbitamente, rompe a reír. Es una risa fuerte, expansiva...*) ¿De qué te ríes?

Cardoso   Creo que usted y yo formaremos un buen equipo en el futuro.

Sor Camila   ¿Tú crees?

Cardoso   Seguro. Demore unos días su viaje. Busque excusas que sean convincentes. Y quédese unos días en Rio.

Sor Camila   ¿Por qué?

Cardoso   Porque seguramente pasarán sucesos extraordinarios.

(CARDOSO *hace un gesto de despedida y se dispone a irse.* SOR CAMILA, *que ha mantenido todo el rato en la mano el libro que le dio* CARDOSO, *lo detiene.*)

SOR CAMILA Espera… Tu libro…

(CARDOSO *no lo coge.*)

CARDOSO Guárdelo. Entre sus páginas tiene una citación para una entrevista con el coronel Freire… El día veintiséis. A las doce. Procure ser muy… muy puntual…

SOR CAMILA (*Sorprendida.*) ¿El coronel? ¿Una entrevista conmigo?

CARDOSO Eso pone en el papel… A las doce en punto…

SOR CAMILA ¿El coronel quiere hablar conmigo?

CARDOSO (*Taxativo.*) Venga.

(CARDOSO *se va rápidamente por un lateral.* SOR CAMILA *lo ve marchar sin entender.*)

Oscuro.

IX

Ante el despacho del coronel FREIRE. *Un par de mesas y un banco. Ante una de las mesas está sentado* ADRIANO, *que teclea con poca pericia la máquina de escribir.*

ADRIANO   Informes, informes, informes... No hacemos otra cosa... Si lo llego a saber...

(*Procedente de su despacho entra el coronel* FREIRE.)

FREIRE   ¿Aún no?

ADRIANO   Aún no. (*Pausa.*) Igual es una tomadura de pelo, no debería haberla creído...

FREIRE   Yo decido qué es lo que se ha de creer, ¿entendido?

ADRIANO   A sus órdenes.

(*Vuelve a teclear en la máquina de escribir.*)

FREIRE   ¿Y Cardoso? ¿No ha llegado aún?

ADRIANO   Todavía no. (*Insidioso.*) Perdone que se lo diga, pero el negro no es demasiado puntual.

FREIRE	(*Se encara con él.*) Tavares, no toleraré que en este despacho haya comentarios racistas. Y no se lo volveré a advertir. ¿Está claro?
ADRIANO	Sí, señor.
	(ADRIANO *baja la cabeza y vuelve a teclear.*)
FREIRE	Avíseme cuando llegue.
ADRIANO	A sus órdenes. (*El coronel* FREIRE *regresa a su despacho.* ADRIANO *sigue tecleando un momento, pero se detiene, relee lo que ha escrito.*) ¡Mierda! (*Saca el papel de la máquina, lo estruja y lo echa a la papelera.*) ¡Estoy hasta los huevos! ¿Por qué no traen una secretaria?
	(*En ese momento entra* CARDOSO. *Lleva en la mano una cartera vieja.*)
CARDOSO	¿Qué pasa? ¿Qué son esos gritos?
ADRIANO	¡La máquina! Estoy harto... Y tú, cada día llegas más tarde.
CARDOSO	Yo llego tarde, pero tú hay días que ni vienes.
ADRIANO	Porque estoy de misión secreta.
CARDOSO	Ya.
	(CARDOSO *guarda la cartera en el cajón de su escritorio.*)

ADRIANO ¿Qué llevas ahí? ¿El bocadillo que te ha preparado tu negra?

CARDOSO (*Mira disimuladamente el reloj.*) Hoy aún te ganarás una hostia.

ADRIANO (*Burlándose.*) No me digas.

CARDOSO (*Por el coronel.*) ¿Cómo está hoy?

ADRIANO De mala leche. Como siempre. Está esperando a la maestra esa, que le ha pedido una entrevista.

CARDOSO La he visto abajo. Estaba esperando pasar los controles.

ADRIANO ¿Y se puede saber para qué quiere esa terrorista ver al coronel?

CARDOSO Creo que quiere hacer una confesión.

ADRIANO (*Sorprendido.*) ¿Una confesión? (*Escéptico.*) No me digas…

CARDOSO Telefoneó ayer. Tú no estabas…

ADRIANO Estaba de servicio.

CARDOSO Habló conmigo. Y después la pasé con el coronel. Pero… (*Con complicidad.*) No pude evitar oír lo que le dijo.

ADRIANO   (*Interesado.*) ¿Ah, sí? ¿Y qué le dijo?

CARDOSO   Que estaba dispuesta a confesar que había mantenido contacto con su marido... Si le prometía que no la enviarían a la cárcel.

ADRIANO   ¿Y?

CARDOSO   El coronel le dio su palabra.

ADRIANO   (*De coña.*) ¡Qué magnánimo!

CARDOSO   Es lógico. Está obsesionado con ese subversivo.

ADRIANO   Eso no está bien. En la escuela nos enseñaron que nunca, entiendes, nunca se ha de negociar con el enemigo.

CARDOSO   ¿Y qué piensas hacer? ¿Denunciarlo?

ADRIANO   Pues no sería una mala idea.

CARDOSO   (*Nervioso. Consulta el reloj.*) Qué raro... ¿Por qué no sube ya...? Son las once y diez... Tenía hora reservada a las once.

ADRIANO   No te pongas tú también nervioso. Con el coronel, ya tenemos bastante...

CARDOSO   Baja a ver qué pasa... Seguro que le están haciendo un registro a fondo.

ADRIANO   (*Grosero.*) Si quieren, les diré que la registro yo…

CARDOSO   (*Oculta su nerviosismo. Comienza a sudar.*) Seguramente nadie les ha dicho que se trata de una entrevista prioritaria… A veces, se pasan de meticulosos… Baja, por favor… Si no está aquí antes de… (*Mira el reloj.*) las once y cuarto, el coronel ya no podrá recibirla…

ADRIANO   Mejor, la recibiré yo. Se me quedaron preguntas pendientes…

CARDOSO   Ve a ver…

ADRIANO   Eso está hecho… Y si no la encuentro, aprovecharé para tomarme un café en la cantina.

CARDOSO   Sin prisa. (ADRIANO *sale. Durante unos segundos,* CARDOSO, *cada vez más nervioso, intenta regularizar la respiración. Consulta el reloj. Saca la cartera del cajón del escritorio. La abre. Extrae de ella una caja pequeña, con aspecto de transistor. La mira, la guarda. De la cartera saca también una pistola. La monta. Y la deja de nuevo dentro de la cartera. Suenan unos golpes en la puerta. Guarda la cartera en el cajón.*) ¿Sí? (*Se abre la puerta. Sin esperar a que el visitante acabe de entrar.*) Lo siento, pero hoy no podemos recibir visitas. Vuelva mañana.

SOR CAMILA   Mañana ya no podré…

CARDOSO   (*Al ver quién es.*) ¿Usted? La habíamos citado a las doce.

SOR CAMILA   A les doce ya no me será posible. Me han dicho esta mañana que tengo que salir a esa hora hacia el norte… Por eso me he anticipado… Pero si quieres que me vaya…

CARDOSO   (*Mira el reloj, alarmado.*) Sí… Ahora ya no… (*Su cerebro va a mil por hora.*) Espere…

SOR CAMILA   ¿Cómo?

CARDOSO   (*Habla rápido.*) Le había pedido que viniera… porque quiero que se haga justicia con usted… Atienda, tengo poco tiempo… Aunque no sea la hora de la cita… (*Consulta nuevamente el reloj.*) haré que el coronel la reciba ahora mismo… Y entre usted y yo lo haremos caer en una trampa…

SOR CAMILA   ¿Una trampa?

CARDOSO   Una trampa, que demuestre que en vez de apoyar a personas que han colaborado lealmente con el servicio, el coronel prescinde ahora de ellas… ¿Y por qué lo hace? Seguramente… y eso es lo que tenemos que demostrar… porque está en contacto con el enemigo…

SOR CAMILA   Pero eso no es posible...

CARDOSO   ¡Sí lo es! Y no podemos perder tiempo...

              (*Abre el cajón y saca el pequeño objeto cua-
              drangular. Se lo da.*)

SOR CAMILA   ¿Qué es eso?

CARDOSO   Una grabadora... Muy avanzada técnicamen-
              te. Usted no tiene que hacer nada, ya está
              preparada para grabar la conversación...

SOR CAMILA   ¿Qué conversación?

CARDOSO   De hecho, ya está grabando. La conversa-
              ción que mantendrá ahora mismo con el co-
              ronel. Manifiéstele sus dudas. Tírele de la
              lengua, lo hará muy bien. Es una agente
              nuestra, está entrenada...

SOR CAMILA   Pero... ¿qué se hará con la grabación?

CARDOSO   La llevaré al superior del coronel... Y a
              Freire lo destituirán y será detenido... Y le
              prometo que usted será inmediatamente
              reincorporada al servicio... y encargada de
              nuevo de seguir vigilando (*Mira la hora, a
              punto de estallarle los nervios.*) a la señora
              Duarte...

SOR CAMILA   ¿La señora Duarte?

CARDOSO   Sí. Y, por favor... dese prisa... (*Le da el objeto.*) Escóndalo. (SOR CAMILA *lo mete bajo el hábito.*) Venga. (CARDOSO *va hacia la puerta del despacho de* FREIRE, *seguido por* SOR CAMILA. *Llama a la puerta. La entreabre.*) Coronel, sor Camila está aquí. Viaja ahora mismo hacia el norte, y ha venido a despedirse.

FREIRE   (*Voz en off.*) ¿Y la otra visita que esperaba?

CARDOSO   La han detenido en la entrada. La están registrando a fondo, creo...

FREIRE   (*Voz en off.*) ¡Estúpidos funcionarios! Que pase la monja.

CARDOSO   (*A* SOR CAMILA.) Entre.

(SOR CAMILA *entra.* CARDOSO *cierra la puerta desde fuera. Está empapado de sudor. Mira el reloj. Vuelve a su mesa. Se sienta, jadeando. Se enjuga el sudor. Trata de regularizar la respiración. Pausa. Saca la cartera del cajón. La abre. Cierra el cajón. Saca la pistola de la cartera. La empuña, mete la mano con la pistola dentro de la cartera, y la deja sobre las rodillas. Pausa larga. Mira nuevamente el reloj. Con la mano que le queda libre saca un pañuelo del bolsillo. Se enjuga el sudor. Se abre la puerta de acceso al despacho. Entra* ADRIANO, *radiante, seguido de* GABRIELA, *que viene con la cabeza gacha.*)

ADRIANO	(*A* GABRIELA.) Adelante. Aquí no le haremos daño… (*Ríe.*) De momento… (*A* CARDOSO.) ¿Verdad que no, tú? La señora ha venido a confesar sus pecados… que creo que son muchos… Y, en la puerta, como son muy minuciosos, la han registrado… a fondo… Lo cual no es de extrañar… Y, como no había matrona… (*Ríe, obsceno.*) han tardado mucho… (*Sorprendido porque* CARDOSO *no hace ningún gesto de conectar el intercomunicador. Parece que, con la mano que no tiene escondida, está contando segundos.* GABRIELA *permanece de pie, inmóvil.*) Venga, ¿qué haces? ¿Por qué no informas al coronel…?
CARDOSO	Está con una visita… (*Continúa contando.*) no prevista.
ADRIANO	(*Sorprendido.*) ¿Una visita? ¿Quién? (*Se escucha, de repente, una gran explosión.*) ¿Qué es eso?
CARDOSO	(*Sin levantarse de la mesa.*) Un atentado…

(ADRIANO *corre hacia la puerta del despacho, mientras saca la pistola. Abre la puerta. Del despacho sale una gran humareda.*)

ADRIANO	(*A* GABRIELA.) ¡Son los tuyos, hija de puta! ¡Tú, no te muevas! (*A* CARDOSO.) ¡Vigílala! ¡Voy a entrar!

(ADRIANO *abre la puerta. Entra en el despacho. Se le escucha toser. Lejana, comienza a sonar una sirena de alarma.* CARDOSO *se pone de pie, como un rayo, con la pistola en la mano. Y en la otra, unas esposas que llevaba en el bolsillo. Se acerca a* GABRIELA. *Le pone las esposas. Después va a la puerta del despacho, la puerta general, no la del despacho de* FREIRE. *La cierra con llave.*)

GABRIELA   (*Espantada, por las esposas.*) Pero yo... no he hecho nada...

CARDOSO   Ya lo sé. Pero, si quiere salir de aquí, cállese.

ADRIANO   (*Voz en off.*) Muerto... El coronel está muerto... (ADRIANO *sale del despacho, conmocionado. Las sirenas suenan más fuerte.*) Una bomba... Ha sido una bomba... (A GABRIELA.) ¡Tú! ¡Ha sido obra tuya! ¡Debimos acabar contigo, el primer día! (ADRIANO *va a disparar sobre* GABRIELA. *Pero antes de que pueda hacerlo, es* CARDOSO *quien dispara contra él. Antes de caer a tierra, herido de muerte.*) ¿Qué haces... negro?

GABRIELA   Pero... ¿qué ha hecho? ¿Qué ha hecho? ...

(CARDOSO *empuja a* GABRIELA *hacia la puerta del despacho de* FREIRE.)

CARDOSO   ¡Camine y calle! Hay una salida de emergencia...

(CARDOSO y GABRIELA *desaparecen por la puerta del despacho de* FREIRE. *Continúan sonando las sirenas. Luego, golpes en la puerta. Cada vez más fuertes.*)

VOCES   ¿Qué ha pasado? ¡¡¡Cardoso, Adriano, abrid!!!

Oscuro rápido.

X

Un claro en un bosque, en una noche sin luna. El claro está iluminado por los faros de un coche que se encuentra en un lateral, medio oculto entre los árboles. En el claro, RODRIGO DUARTE *y* CARDOSO.

RODRIGO   No era eso lo que teníamos previsto. Quien tenía que haber entrado con la bomba era... (*Señala con la cabeza el coche.*) ella...

CARDOSO   Pero no subió a tiempo. La retuvieron los imbéciles del cuerpo de guardia. Y la bomba ya estaba activada.

RODRIGO   ¿Y qué habrías hecho tú si no llega la monja antes de la hora? ¿Te das cuenta de qué cadena de casualidades? Podía haber sido una catástrofe.

CARDOSO   Sabes que yo mismo hubiera entrado con la bomba al despacho del coronel...

RODRIGO   Tenías que haber controlado los accesos. Los planes mejor diseñados se van a la mierda por una tontería.

CARDOSO

Lo siento. Lo he hecho lo mejor que he podido. Y no sé de qué te quejas. Al fin y al cabo, el coronel ha muerto.

RODRIGO

Pero se ha perdido el efecto propagandístico. O, si no se ha perdido, resulta muy confuso. Seguro que no faltará quien diga que todo se reduce a una venganza personal de una monja loca por haber sido destituida. Un enfrentamiento entre los opresores, y no lo que debía parecer claramente: una acción de la guerrilla. Y no solo eso. Has quemado tu personaje. Nos era muy útil tenerte al lado del coronel. Debe de haber ya una orden de busca y captura contra ti.

CARDOSO

No me importa. Me estaba cansando ya de hacer de submarino.

RODRIGO

Tú no estás bien de la cabeza. No sabes lo que significa ir a cara descubierta.

CARDOSO

Lo iré descubriendo. Y aprovecha tú la ocasión para pensar si es útil actuar como lo hacemos, sin prácticamente infraestructura. Y sin servicios de información. Algún día ocurrirá una catástrofe.

RODRIGO

Hacemos las cosas lo mejor que sabemos y podemos…

CARDOSO

(*Escéptico.*) Si tú lo dices…

RODRIGO   Lo que pasa es que en un momento u otro todos queréis haceros los héroes, y cada día me creáis más problemas... (*Señala con la cabeza el coche.*) ¿Te ha dicho algo?

CARDOSO   No. No ha abierto la boca desde que huimos del centro.

RODRIGO   ¿Y tú, qué le has dicho?

CARDOSO   Ni palabra. Creo que, al principio, pensaba que la iba a ejecutar. Pero ha debido reflexionar que, si ese era su destino final, no tenía sentido que la hubiera sacado del centro. Podía haberle disparado un tiro en la cabeza allí mismo y aún me habrían felicitado por acabar con una subversiva.

RODRIGO   Exactamente eso es lo que tendrías que haber hecho.

CARDOSO   No tenía instrucciones en el caso de que se produjera la incidencia que se ha producido. Además, es tu mujer. He pensado que igual habías cambiado de idea y te apetecía volver a verla.

RODRIGO   Ya estaba amortizada. Habría sido un daño colateral. Ahora, me obligas a actuar directamente...

CARDOSO   ¿Es realmente necesario?

Rodrigo	También la están buscando. La consideran cómplice. O incluso la terrorista que ha ejecutado el atentado.
Cardoso	Llévatela contigo. Estaba condenada a sacrificarse por la causa... pero no lo sabía. Los sacrificios se han de hacer con plena conciencia.
Rodrigo	Déjate de moralidades pequeñoburguesas. Esto es una guerra, y tenemos que luchar con los medios que tenemos a nuestro alcance.
Cardoso	Bien pocos. Pero no pienso discutir contigo. Te dejo el coche. Documentación y matrícula, limpias.
Rodrigo	Hay algo que no entiendo: explícame qué hacía la monja en el despacho de Freire. ¿Quién le dijo que apareciera por allí?
Cardoso	Yo. La había citado a las doce. Por si el primer plan fallaba. Era el recambio. Por si tu mujer no aparecía a tiempo, y tenía que reprogramar la bomba y dársela a otra portadora. Pero todo ha ido muy rápido, y me he visto obligado a improvisar. He tenido que actuar con lo que tenía.
Rodrigo	Bien, ya está hecho. Baja a mi mujer del coche y que venga. Y quítale las esposas.
Cardoso	¿Qué vas a hacer con ella?

RODRIGO	En las corridas de toros que celebran en algunos países bárbaros, si el toro ha sido valiente, o el torero no ha estado a la altura, se puede indultar al toro. No lo matan y lo devuelven a los corrales.
CARDOSO	¿Es lo que piensas hacer? ¿De verdad?
RODRIGO	No todo lo que digo son mentiras. Le prometí que saldríamos los dos... (*Saca del bolsillo dos pasaportes del Vaticano y se los muestra.*) con pasaportes de la Santa Madre Iglesia y pienso cumplir la promesa.
	(*Guarda los pasaportes, se vuelve de espaldas y enciende un cigarrillo. CARDOSO va hacia el coche y vuelve con GABRIELA, que entra masajeándose las muñecas.*)
CARDOSO	Adiós. Y suerte.
GABRIELA	Gracias. (CARDOSO *desaparece.* GABRIELA *ve a* RODRIGO, *que fuma de espaldas a ella. Con timidez.*) Rodrigo...
	(RODRIGO *se vuelve lentamente hacia* GABRIELA. *Nos damos cuenta de cómo cambia su expresión de disgusto por una que quiere aparentar alegría.* GABRIELA *no sabe qué hacer, si lanzarse a sus brazos o esperar a que sea él quien tome la iniciativa.*)

Rodrigo	(*Después de una pausa, va hacia ella, la abraza.*) Gabriela, amor mío…
Gabriela	Oh, Rodrigo… Pensaba que todo había acabado entre nosotros…
Rodrigo	Oh, no… Al contrario… Estoy muy contento… Pero… ¿por qué dices eso?
Gabriela	Porque no he podido cumplir tu encargo… No he podido decirle al coronel Freire lo que me dijiste que le dijera…
Rodrigo	Ahora, eso ya no tiene la menor importancia… Lo único importante es que, gracias a que te han detenido en el control de entrada, has evitado estar en el despacho del coronel cuando esa monja enloquecida ha hecho estallar la bomba…
Gabriela	Eso me ha afectado mucho… Ya me ha explicado Cardoso que era una agente del gobierno… Pero conmigo siempre se portó bien… Cuando estaba sola y no tenía a nadie que me ayudara, ella…
Rodrigo	Se aprovechó de ti, no te engañes…
Gabriela	Pero…
Rodrigo	(*La interrumpe.*) Se aprovechó de ti a todos los niveles. Tú misma me lo contaste…

(GABRIELA *se separa de él. Lo mira con intensidad.*)

GABRIELA Rodrigo… Júrame que las cartas que me enseñó el coronel eran falsas… Que nunca has dicho… que si me prometías que estabas enamorado de mí… era porque necesitabas una cobertura… pero que realmente no me querías…

RODRIGO Ya te lo dije: las cartas eran falsas.

GABRIELA Y siempre me has querido…

RODRIGO (*Solemne.*) Y siempre te he querido.

GABRIELA Júramelo.

RODRIGO (*Como antes.*) Te lo juro…

(GABRIELA *se queda mirándolo a los ojos.* RODRIGO *le mantiene la mirada.*)

GABRIELA Te creo… sí, te creo… Todo lo que hemos vivido juntos… todo lo que ha pasado entre nosotros… no puede ser mentira…

RODRIGO (*Sonríe, fingiéndose protector.*) Y no lo es…

GABRIELA Entonces… ¿qué vamos a hacer? Yo ya no puedo volver al trabajo… ni a mi casa… Me ha dicho Cardoso que estarán buscándome…

Rodrigo	En efecto… Pero piensa que, eso, ahora, en vez de ser un inconveniente, es una suerte.
Gabriela	(*Sin entender.*) ¿Una suerte?
Rodrigo	No puedo continuar poniéndote en peligro. Voy a dejar la lucha.
Gabriela	(*Sorprendida.*) ¿Dejar la lucha? ¿Tú?
Rodrigo	He hecho más de lo que debía… he abandonado a mi familia… te he abandonado a ti… la persona más sincera y más leal que conozco… y no te he dado ni la mitad de todo el amor que te mereces…
Gabriela	Pero… estás loco… Es tu vida… ¿Qué piensas hacer?
Rodrigo	Vendrás conmigo… Tenemos un piso franco… Prepararemos los equipajes… poca cosa… lo que nos falte ya lo compraremos cuando lleguemos a París…
Gabriela	¿Qué dices? ¿París?
Rodrigo	Nos caracterizaremos bien… Ya te lo dije, usaremos unos pasaportes expedidos por el Vaticano… Nadie se dará cuenta… Tú serás una señora muy piadosa de la alta sociedad de Río, y yo tu director espiritual… (*La va abrazando, mientras le habla al oído.*) Y cuando lleguemos a París, procuraremos olvidar

todo esto… todo este sufrimiento… y comenzaremos una nueva vida… una nueva vida humilde y modesta… Yo traduciré libros, y tú darás clases de portugués en una escuela de idiomas… E, incluso, quizá nos planteemos la posibilidad de aumentar la familia…

GABRIELA (*Apoyada sobre su pecho.*) Pero… eso… ya no es posible… Soy mayor…

RODRIGO Nosotros lo haremos posible, ya verás… si nos amamos… Eso es lo más importante… amarnos…

GABRIELA Amor mío… (*Como si fuera a levantarle la cabeza para besarla en los labios,* RODRIGO *ha puesto sus manos en torno al cuello de* GABRIELA.) Ya no me volverás a abandonar…

(RODRIGO *comienza a apretarle el cuello.*)

RODRIGO (*En voz baja.*) Eso nunca…

(GABRIELA *se ahoga. Se revuelve.*)

GABRIELA (*Habla con dificultad. Espantada.*) Rodrigo… ¿qué haces?

RODRIGO (*En voz baja.*) Evitar que te capturen… nuestros enemigos… y hables… Lo hago por tu bien…

GABRIELA (*A punto de ahogarse.*) Rodrigo…

(*De repente,* Cardoso *se materializa entre las sombras. Lleva un cuchillo en la mano. Con un movimiento diestro, se lo clava a* Rodrigo *en la espalda.* Rodrigo *suelta a* Gabriela. *Se vuelve. Mira sorprendido a* Cardoso. Gabriela *cae, medio desmayada.*)

RODRIGO   (*Hablando, con dificultad.*) Pero… ¿qué haces? (*Por* Gabriela.) La habíamos enviado a la muerte… Y tú estabas de acuerdo…

CARDOSO   Aquello era una acción de guerra… Esto es un crimen…

RODRIGO   Con esa clase… de prejuicios burgueses… no haremos nunca la revolución…

(Rodrigo *cae, sin sentido.* Cardoso *va junto a* Gabriela. *La ayuda a ponerse en pie.*)

CARDOSO   Levántese… No tenemos tiempo…

GABRIELA   (*Sin entender.*) Pero… (*Señala a* Rodrigo.) Él…

CARDOSO   No podemos hacer nada… La policía viene hacia aquí… Nos están buscando…

GABRIELA   (*Desconcertada.*) Pero yo… no puedo… no sé…

(Cardoso *saca la pistola y la empuña con una mano y con la otra empuja a* Gabriela *para hacerla avanzar.*)

CARDOSO Vamos hacia el coche... Aún tenemos una posibilidad... (*De repente comienzan a encenderse rítmicamente grandes proyectores en el fondo del escenario dirigidos hacia el público. La luz es blanca, cegadora.* CARDOSO *y* GABRIELA *quedan en contraluz, solo se ven sus siluetas.*) Ya no...

(CARDOSO *deja caer su pistola y levanta las manos.* GABRIELA *lo mira. Después lo imita. Bruscamente se apagan todos los reflectores. Se escucha una ráfaga de ametralladora.*)

Oscuro rápido.

Fin.

La Canyada y València
abril y mayo de 2023

Esta primera edición de *Clandestinos*,
de Rodolf Sirera, terminó de imprimirse
en septiembre de dos mil veinticinco,
en Madrid.